Frank Lassner

Meditieren ist ganz einfach

Frank Lassner

Meditieren

ist ganz einfach

IIIIIIIIIIIIIIIIIIIIIIII SILBERSCHNUR IIIIIIIIIIIIIIIIIIIIIIII

ISBN 3-89845-117-8

1. Auflage 2005

Satz und Covergestaltung: XPresentation, Boppard
Lektorat: Matthias Pierre Lubinsky
Druck: Finidr, s.r.o., Cesky Tesin, Tschech. Rep.

Verlag "Die Silberschnur" · GmbH Steinstraße 1 · D-56593 Güllesheim

www.silberschnur.de
e-mail: info@silberschnur.de

Dank

Vielen Menschen bin ich dankbar für ihre Hilfe.
Insbesondere danken möchte ich Regina Hennig,
die mir den Rücken freihielt, während dieses Buch entstand.
Weiter möchte ich Matthias Pierre Lubinsky, dem Lektor,
danken, der sich bis in die Details für dieses Buch engagiert hat
und durch den ich viel über den freudvollen Umgang
mit Sprache gelernt habe.

Inhalt

Vorwort

Eines der größten Geschenke, das die Meditation dem Menschen machen kann, ist die Chance der Rückbesinnung auf seinen Innenraum. Denn wir handeln ständig außen in der Welt und haben dabei den Kontakt zu uns selbst verloren.

Die Außenwelt geschieht in der Zeit, während der Innenraum zeitlos ist. Diese Zeitlosigkeit drückt sich beispielsweise in der Tatsache aus, über die sich bereits Sigmund Freud und seine Vorgänger gewundert hatten, dass in den Träumen der Menschen die Zeiten von Ereignissen vertauscht sein können. Oder es verschmelzen sogar unterschiedliche, teilweise weit auseinander liegende Lebenssituationen im Traum zu einem einzigen Ereignis und gewinnen somit die Qualität eines Symbols, das womöglich für den Träumenden eine Botschaft enthält. Die Außenwelt kann man ferner mit Logik und mit Denken erforschen, wie es unsere Naturwissenschaften tun. Die Innenwelt jedoch ist mittels Denken unerreichbar und kann nicht über die Logik erschlossen werden. Auf sie kann man sich nur *einlassen*, ihr *zuhören*, indem man still wird - und das ist Meditation. Denken und Meditieren sind somit zwei vollkommen unterschiedliche Vorgehensweisen. In unserer Kultur haben wir in Jahrtausenden das Denken zur

Blüte gebracht. Das Einlassen und Zuhören haben wir dabei jedoch fast vollständig verlernt.

Meditation bringt das Einfache wieder zurück ins Leben - das Authentische, das Unmittelbare, die eigene Wahrheit. Wir richten uns so oft nach dem, was andere von uns wollen. Unsere ganze Gesellschaft beruht darauf, dass wir beständig darüber nachdenken, was scheinbar von uns erwartet wird, und genau dies macht unser Leben so kompliziert. Meditation nun ist ein Weg, um wieder SELBST zu sein, um wieder die eigenen Impulse wahrzunehmen und ihnen folgen zu können.

Wenn du deinen Innenraum wiederfindest, dann wirst du erkennen, dass dieser viel größer und für dich bedeutsamer ist, als der Außenraum. Diese Entdeckung erleben viele, die zu meditieren beginnen, als ein regelrechtes Wunder. Alles, was in deinem Leben von wirklichem Belang ist, und was das Leben lebenswert macht, kommt von innen - Kreativität beispielsweise. Ob du die Welt wissenschaftlich erforschst oder ein Kunstwerk erschaffst - deine Ideen kommen aus dir. Sie steigen aus deiner Fantasie, aus deinem Vorstellungsvermögen, aus deinem Unterbewussten auf. Aus diesem Grund müssen sogar Wissenschaftler, die ja eigentlich das Funktionieren der materiellen Welt erforschen, wenn sie neue Ideen erhalten wollen, auf irgendeine Weise Kontakt nach innen knüpfen. Sie müssen einen Trick finden, wie sie Kreativität in sich aufquellen lassen. Wenigstens für die Zeit, in der sie Lösungen suchen, müssen sie sich demnach von der Außenwelt abwenden.

Albert Einstein berichtete, auf welche Weise ihm die Einsichten kamen, die zu seiner speziellen Relativitätstheorie führten. Er hatte im Mai 1905 mit seinem Freund Michele Besso über die Widersprüche der klassischen Physik diskutiert - wie so häufig. Schließlich gab Einstein sich geschlagen, denn er konnte für seine Fragen bis zu diesem Moment keine Lösung finden. "*Ich gebe auf*", sagte er zu Besso.

Am nächsten Morgen jedoch hatte Einstein die entscheidende Idee gefunden. *"Ich habe mein Problem vollständig gelöst"*, sagte er dankbar zu seinem Freund. Er hatte aufgegeben - und dann kam die Lösung. Er hatte seine Suche, er hatte sein Denken, er hatte seine Motive fallen gelassen, wodurch eine andere Dimension in ihm zum Wirken kommen konnte - wahrhafte Kreativität. Denn wenn Kreativität sprechen soll, dann muss die Logik schweigen.

Aber nicht nur Kreativität, auch die Liebe kommt nicht aus der Außenwelt, sondern von innen. Sehnsucht, Nähe zu anderen Menschen, Freude, Einsamkeit, Trauer, Lebendigkeit - all dies kannst du nur innen wahrnehmen. Sie können sich nur entfalten, wenn du deinen Innenraum zulässt. Wenn jemand sein Leben als sinnentleert, bedeutungslos oder unwichtig empfindet, bedeutet dies, dass er keinen Kontakt zu sich selber hat. - Sinn, Freude und Lebendigkeit sind in der Außenwelt nicht zu finden.

Die Wissenschaft untersucht die materielle Welt, während Meditation die Innenwelt erforscht. Beide gehören zu einem vollständigen Dasein. Die Wissenschaft geht mit Logik, mit Beweisen, mit der Ratio vor. Die Meditation jedoch gibt diese Instrumente auf. Sie denkt nicht, sie erklärt nicht, sie kombiniert nicht logisch - sie lässt stattdessen zu, sie akzeptiert, sie gibt sich hin. Das wird das Neue sein, was du erfährst, wenn du meditierst, dass man sich der Welt nähern kann, nicht indem man sie zu verstehen versucht, sondern indem man sich ihr hingibt.

Die abendländische Kultur hat im logischen Denken eine wahre Meisterschaft entwickelt. In den letzten Jahrzehnten jedoch entdeckt sie die Meditation wieder. So ist es für mich symbolträchtig, dass das vorliegende Buch aus einer Reihe von Vorträgen entstanden ist, die ich seit Februar 2004 an einer Einrichtung gehalten habe, die gegründet worden ist zur Verbreitung wissenschaftlicher Erkenntnisse. Die Berliner URANIA hat es sich zur Aufgabe gemacht, Ergebnisse wissenschaftlicher Forschung einem breiten Publikum verständlich und nachvollziehbar zu präsentieren. Erstmals fanden hier Vorträge über Meditation statt. Unter dem Titel “*Der Weg zur Mitte - Einführung in die Meditation*” hatte ich Gelegenheit, Möglichkeiten aufzuzeigen, zu sich selbst zurückzufinden.

Berlin, im März 2005
Frank Lassner

Einleitung

Meditieren ist ganz einfach. Die Meditation ist eine unmittelbare, von Umwegen freie Begegnung mit dir selbst. Die meisten meiner mehreren tausend Klienten glaubten, als sie zu mir kamen, zu meditieren bedeute, eine bestimmte Sicht, eine bestimmte geistige Haltung einzunehmen und darin zu verharren. Dies ist ein Irrtum, Meditation heißt, gerade *keine* geistige Haltung einzunehmen, und genau aus diesem Grund einfach nur zu sein. Viele Menschen glauben, um erleuchtet zu sein, müssten sie erst bestimmte Qualitäten erwerben. Auch dies ist ein Irrtum. Erleuchtung wird genau dann möglich, wenn du erkennst, dass du vollkommen in Ordnung bist, so wie du bist. Du musst nichts, aber auch gar nichts an dir verändern. Wenn du deine ersten Erleuchtungserfahrungen gemacht hast, wirst du aus dieser Perspektive erkennen, dass du fast alles, was du bisher getan hast, nur getan hast, weil du glaubtest, nicht gut genug zu sein. Ohne Unterlass strebtest du nach etwas. Aus einer bewussteren Perspektive wird dir das jedoch absurd erscheinen. Es wird dir so absurd erscheinen, dass du darüber lachen musst. In dir wird ein Lachen auftauchen über die Täuschung, in der du bisher gefangen gewesen warst. Dieses Lachen ist das berühmte Lachen der Buddhas, das aufkommt, wenn jemand erkennt.

Meditation ist also SEIN, reines SEIN. Meditation ist nur ein anderes Wort für SEIN. Tue nichts, halte einfach inne – und dann musst du SEIN. Wenn du dich nicht im Tun erschöpfst, dann muss das SEIN auftauchen, dann muss es in dich eintreten. Es kommt zu dir als Freude, als pure Seligkeit. Du wirst sofort wissen, wenn es da ist. Dies ist eine tiefe und weite Freude, die du mit nichts in der materiellen Welt erreichen kannst. Und du wirst dich um diese Freude nicht einmal bemühen müssen. Im Gegenteil, sie erscheint genau dann, wenn jede Bemühung aufgehört hat.

Beende also alle Handlungen, und tue einfach gar nichts. Dann schaue, was in dir geschieht – jetzt müsste sofort das SEIN kommen. Es müsste einfach auftauchen. Seit Jahrhunderten wartet es darauf, endlich bei dir eintreten zu dürfen. Aber es kommt nicht sofort. Warum? Das hat einen einzigen Grund: Du setzt innen dein Tun fort. Im Außen hast du all deine Handlungen beendet, aber in dir rotieren die Gedanken weiter. Ob du im Außen mit deinem Bruder tatsächlich streitest, oder lediglich in deinen Gedanken – aus der Sicht deines SEINS ist das dasselbe. Beides ist gekoppelt an Motive, an deinen Glauben, dass es irgendetwas zu tun, irgendetwas zu verändern gäbe. Damit kann das SEIN nicht bei dir eintreten. Wir Menschen sind so konstruiert, dass in unseren Gedanken das Tun weitergeht, selbst wenn wir es äußerlich längst beendet haben.

Alle so genannten Meditationstechniken, die die Menschheit in Jahrtausenden entwickelt hat, dienen letztlich nur diesem einen Ziel: Sie wollen dich neben dem äußeren Tun auch von dem inneren Tun loslösen. Im Außen kannst du das Tun ganz einfach einstellen. Dafür musst du nur die Aktivität deines Körpers beenden. Aber wie kannst du dich auch im Innen vom Tun lösen? Manche Menschen glauben, sie könnten das erreichen, indem sie ihre Gedanken zum Stillstand bringen. Sie meditieren mit dem Ziel, ihre Gedanken zu beruhigen. Damit jedoch streben sie etwas Unerreichbares an – denn du kannst deine Gedanken nicht zum Stillstand bringen. Genauso wie die materielle Welt ständig in Bewegung ist, so sind auch deine Gedanken in stetiger Bewegung. Alles ist ein Strom, alles ist beständig im Fluss, und seit deiner Geburt bist du dieser Bewegung unausweichlich ausgesetzt. Würdest du versuchen, die Welt zum Stillstand zu bringen, um selbst zur Ruhe zu kommen, würdest du dich in heillose Hektik verwickeln, und deine Versuche würden lediglich in einem endlosen und fruchtlosen Bemühen enden. Auf diese Weise würdest du nie zu dir finden. Was also kannst du tun? Einige mögliche Antworten gibt dieses Buch.

Wenn du einmal verstanden hast, wie du innehältst und damit das SEIN bei dir eintreten lässt, dann kannst du auch wieder dazu übergehen, im Außen zu handeln, ohne dabei das SEIN aufzugeben. Denn wenn du diesen Dreh einmal herausgefunden hast, dann kannst du das SEIN auch im Tun erhalten. Zuerst wird dir dies nur bei einfachen Handlungen gelingen. Später jedoch, wenn die innere Stille stabiler und robuster geworden ist, wirst du sogar bei aktiven, konzentrierten Handlungen in der Außenwelt ganz bei dir bleiben. Dann wird alles, was du tust oder nicht tust, Ausdruck von Freude, Lebendigkeit und Liebe sein. Dann wirst du ebenfalls erkennen, dass deine bisherige Sehnsucht nach Glück ein entscheidender Wegweiser auf deiner Suche war. Deine Sehsucht nach Glück war in Wahrheit immer schon die Sehnsucht nach dem puren und zwecklosen SEIN.

Meditieren – die nächste Dimension

In diesem Kapitel erzähle ich das Gleichnis von der Eifersucht. Die Eifersucht nutzt uns, um den Schritt über das Meditieren mit geschlossenen Augen hinaus zum umfassenden meditativen Sein verstehen zu können.

Stephan ist immer noch eifersüchtig. Zwar liebt er seine Freundin sehr und er erlebt mit ihr viele wundervolle Stunden, dennoch wird er seinen Argwohn ihr gegenüber nicht los. Er weiß eigentlich, dass seine Eifersucht überflüssig ist, doch trotzdem bricht dieses Gefühl immer wieder aus ihm hervor, und in vielen Situationen hat er seine Partnerin damit schon verletzt. Danach tat ihm dies stets leid, denn niemals sonst hatte er sie so traurig gesehen, wie nach seinen Vorwürfen. Jedesmal schien es ihm, als könne er nichts gegen sein Misstrauen tun, als müsse er davor kapitulieren. Um davon loszukommen, hatte er bereits vor Jahren damit begonnen zu meditieren. Jeden Tag versank er am Morgen, manchmal sogar noch ein zweites Mal am Abend, für eine halbe Stunde völlig in sich. Diese Meditationen waren für ihn häufig die schönsten Erlebnisse des Tages. Sie gaben Stephan viel. Seit er damit begonnen hatte, zu meditieren, war er gesünder und gelassener geworden. Außerdem kamen ihm während der

Meditationen häufig gute Ideen. Nur in Bezug auf seine Eifersucht brachte ihm das Meditieren keine Hilfe. Seine *"Anfälle"*, wie er sie nannte, sind hartnäckig geblieben. Es schien fast so, als wäre seine Eifersucht gegen die Meditation immun.

Auch hatte Stephan große Probleme damit, Auseinandersetzungen mit anderen auszuhalten. Es genügte bereits, dass ihm jemand heftig widersprach - Stephan konnte damit nicht umgehen. Fast noch schlimmer war es für ihn, wenn er einem Streit zusehen musste. Stritten sich zwei Menschen, die er beide liebte, so schnürte es ihm die Brust zu. Manchmal wurde ihm in solchen Situationen sogar schlecht.

Vor zwei Jahren hatte sich Stephan als Unternehmensberater für den Mittelstand selbstständig gemacht, wofür er einen Bankkredit hatte aufnehmen müssen. Vor einiger Zeit konnte er nun mehrere fällige Tilgungsraten nicht bezahlen. Daraufhin bekam er Mahnungen von der Bank mit der Drohung, ihm den Kredit zu kündigen. Als er diese Briefe öffnete, war es für ihn jedesmal, als würde er den Boden unter den Füßen verlieren, und im Anschluss daran fühlte er sich zumeist mehrere Tage lang angeschlagen.

Stephan vermutete, dass sowohl seine Angst vor den Mahnungen als auch seine Konfliktscheu ihre Ursache in seiner Kindheit hatten. Da sein Vater Alkoholiker war und die Mutter dem Vater deswegen häufig Vorwürfe gemacht hatte, kam es zwischen den Eltern immer wieder zu gewalttätigen Streitigkeiten. Diese Gewalt zwischen seinen Eltern war für den kleinen Stephan einfach unerträglich, und er sehnte sich seine ganze Kindheit lang nach Harmonie. Offenbar schnürte es ihm noch heute die Brust zu, wenn er an diese Sehnsucht erinnert wurde. Beide Gefühlswallungen, die Eifersucht und seinen Konfliktscheu, blieben jedoch trotz Meditation Bestandteil seines Lebens.

Als die Situation für Stephan unerträglich wurde, nahm er seinen gesamten Jahresurlaub, um nach Tibet reisen zu können. Dort suchte er einen berühmten Meditationslehrer auf. Um diesen alten Mann kennen zu lernen, von dem er schon viel gehört hatte und für den er sich schon lange interessierte, war er um die halbe Welt gereist. Vielleicht könnte ihm der Meister ja sagen, warum selbst das Meditieren ihn nicht von seiner Eifersucht erlöste.

Schließlich sitzt Stephan vor dem Meister. Vor sich sieht er einen ungewöhnlich schlanken alten Mann, mit tiefen, aber ganz klaren und ausdrucksvollen Augen. Sowie alle anderen Besucher erhält auch Stephan nur wenige Minuten Zeit, um mit dem Meister zu sprechen. Er schildert kurz seine Situation und stellt dann die Frage: "*Warum ändert die Meditation nichts an meiner Eifersucht und an meiner Angst? Man sagt bei euch, dass Meditation der einzige Weg sei, um Leiden zu beenden. Warum hilft sie bei mir nicht?*"

„*Was geschieht während der Meditation mit deiner Eifersucht?*", fragt der Alte mit klarer Stimme.

Stephan antwortet: "*Während ich meditiere, bin ich immer sehr berührt, wenn ich an meine Freundin denke. Dann ist sie mir nah. Auch, wenn vor meinem inneren Auge unsere Konflikte erscheinen. Selbst wenn dann die Eifersucht kommt, ist sie für mich kein Problem. Sie ist einfach nur da. Sie packt mich nicht. Ich sehe sie, ohne mich bedroht zu fühlen.*"

„*Was geschieht mit deiner Angst vor der Bank während deiner Meditationen?*", fragt der Meister weiter.

„*Während ich meditiere, bin ich immer ganz gewiss, dass sich alles zum Guten wenden wird*", antwortet Stephan. "*Dann ist keine Angst da. Aber wenn ich wieder erwacht bin, im normalen Zustand, bricht meine alte Panik wieder aus. Dann ist meine ganze Lebensfreude weg, wie weggewischt durch diese Briefe.*"

Der Meister sieht Stephan aus tiefen, scheinbar zeitlosen und zugleich verschmitzten Augen an. Die Zeit seines Blickes scheint endlos.

Plötzlich spricht der Meister in das Schweigen: "*Warum meditierst du nicht weiter, während du mit deiner Freundin sprichst und während deiner Eifersucht?*"

Stephan sieht verblüfft und zugleich ratlos zu dem Alten. "*Er hat Recht*", denkt Stephan, "*wenn ich im Wachzustand die Meditation aufrecht halten könnte, würde ich mir auch dann meine Eifersucht einfach anschauen können. Sie würde mich nicht mehr packen.*"

„*Warum bleibst du nicht in Meditation, während du die Mahnungen der Bank liest?*", hört Stephan den Weisen wie aus einer großen Entfernung erneut fragen. Dabei sieht Stephan unentwegt in diese tiefen Augen, die er nie wieder vergessen würde.

„*Aber wie soll ich das tun?*", fragt Stephan mit aufgebrachter Stimme. "*Wie soll ich in Meditation bleiben? Ich bin wach, ich bin abgelenkt, meine Augen sind nicht mehr geschlossen. Ich bin voller Emotionen. Wie soll ich da in Meditation bleiben?*"

Wie kann man meditativ bleiben jenseits der Meditation - im Alltag? Wie kann man meditativ bleiben mitten in Konflikten, mitten in den Herausforderungen, die uns das Leben stellt? Genau darum geht es in diesem Buch.

Zwischen meditieren und meditativ SEIN, zwischen meditieren und meditativ LEBEN liegt ein gewaltiger Unterschied.

Meditieren ist, als ob du an einem wundervollen See stehst und dir nur vorstellst, wie herrlich es wäre, in diesem See zu baden. Wie herrlich wäre es, langsam das kalte Wasser am Körper aufsteigen zu spüren ... Wie herrlich wäre es, sich vom Wasser tragen zu lassen und mitten in der großen Klarheit des Sees zu schwimmen ... Wie schön wäre es, vom Wasser aus das Ufer mit seinen uralten und majestätischen Bäumen zu sehen und sie gelassen zu genießen ... Wie wäre es, unterzutauchen und ganz im Wasser zu verschwinden?

Meditativ SEIN dagegen ist das reale Hineinsteigen in den See. Meditativ zu sein bedeutet das Erleben des kalten Wassers, es ist das reale Sich-Tragen-Lassen, das wirkliche Untertauchen. Meditativ sein ist das Sicheinlassen auf die materielle Welt mit deiner ganzen Existenz.

Viele Menschen benutzen Meditation als Flucht. Sie fliehen vor Schwäche, vor Überforderung und vor Angst, letzten Endes vor ihrer Unbewusstheit. Sie verwenden die Meditation als eine Art Urlaubsreise, als einen Kurztrip oder als vorübergehenden Ausstieg aus dem Alltagsstress. Meditativ zu sein ist dagegen das Ende jeglicher Flucht.

Die meisten Menschen, die zu mir kommen, um meditieren zu lernen, verbinden damit konkrete Ziele. Sie wollen entspannter werden, sie wollen kraftvoller, erfolgreicher oder gesünder werden. Viele wollen auch bessere Beziehungen erleben. All dies ist natürlich völlig legitim. Mit Hilfe dieser Motive lockt ihre Seele sie auf einen meditativen Weg. Wenn sie dann aber wirklich meditativ geworden sind, ist mit ihnen eine wundersame Verwandlung geschehen. Sie haben zwar ihre Ziele erreicht, aber zugleich interessieren sie diese Ziele nicht mehr. Denn meditativ zu sein bedeutet das Eintauschen all dieser Motive gegen reales SEIN und damit gegen wirkliche Präsenz.

Meditieren mit geschlossenen Augen ist lediglich der erste Schritt. Dies ist zwar ein sehr bedeutsamer Schritt, doch wirst du über ihn hinausgehen. Viele Menschen meditieren mehrere Jahre, manchmal sogar Jahrzehnte lang, ohne den zweiten Schritt zu gehen. Sie sind durch Meditation entspannter, gelassener, gesünder geworden. Ihre Meditationen haben ihnen somit wirklich wertvolle Erfahrungen gebracht: den Gegenpol zum zielgerichteten Handeln. Für wenige Minuten haben sie ihr Erfolgstreben aufgeben und sich entspannen können – und auf diese Weise einen Zustand erlebt, in dem sie nicht ins Denken verwickelt waren. Sie haben sich auf das Absichtslose eingelassen. Das alles sind wichtige Erfahrungen - aber sie gehen noch am Kern der Meditation vorbei. Die wirkliche Transformation, zu der Meditation dich führen kann, ist noch hinter diesen ersten Erfahrungen verborgen. Wenn du lediglich ein- oder zweimal am Tag die Augen schließt und mit irgendeiner Technik für eine halbe oder eine Stunde zur Ruhe kommst - dann bleibt dir die Hauptsache noch verschlossen. Das ist so, als würdest du Brot backen und es niemals kosten.

Der erste Schritt dient eigentlich nur dazu, den zweiten Schritt vorzubereiten. Im ersten Schritt, mit geschlossenen Augen, in einer geschützten Situation, machst du die ersten Erfahrungen mit Stille. Du machst die ersten Erfahrungen mit Präsenz und auch mit deinem inneren Beobachter. Das alles ist sehr wichtig. Denn wenn du nicht einmal in einer geschützten Situation wachsam bleiben kannst, wenn du nicht einmal in diesem Moment deine Mitte bewahren kannst, wenn du nicht einmal da der Beobachter bleiben kannst, dann wirst du es in all den anderen Situationen mitten im Leben erst recht nicht können. Du wirst dann erst recht nicht bei dir bleiben können bei zielgerichtetem Handeln, in Auseinandersetzungen mit anderen Menschen, in Situationen, in denen deine Gier zu Tage tritt, dein Lebenshunger aktiv wird oder wenn sich deine Sexualität meldet. - Du musst das Brot erst backen, um es kosten zu können.

Wenn du in der Meditation Präsenz erfährst, dann liegt der nächste Schritt darin, diese Präsenz auch im Wachzustand zu erhalten. Dann wirst du auch im Wachzustand wach sein und den See wahrnehmen. Du wirst im Wachsein das Brot wirklich schmecken. Bevor du Präsenz nicht wirklich erlangt hast, kannst du in einen See steigen, die schönste Natur betreten, den interessantesten Menschen begegnen - aber du wirst all dies nicht wirklich erfahren.

Der Übergang von der Meditation mit geschlossenen Augen zum meditativen SEIN im Wachzustand ist von großer Bedeutung. Denn im Wachsein machst du all die Erfahrungen, die deine Seele sucht. Im Wachen begegnest du den Menschen, die du liebst und denen, die deine Feinde sind. Im Wachen begegnest du der Natur, isst du, fühlst du, drückt sich deine Lebendigkeit aus. Aus diesem Grund ist es so entscheidend, dass du die Präsenz, die du in der Meditation mit geschlossenen Augen rasch erfahren kannst, mit hinübernimmst in deinen Alltag. Denn bei dem Übergang von der Meditation in den Alltag geschieht in dir ein Bruch. Zurück in der Routine erfassen dich alle deine gewohnten Verhaltensmuster wieder. Sie lassen dich unbewusst bleiben, sie drängen dir gesellschaftliche Rollen auf, die du nicht in Frage stellst.

In Bertold Brechts Drama über Galileo Galilei muss der Papst in der berühmten Ankleideszene eine Entscheidung über das Schicksal Galileis fällen. Es geht um die Frage, ob man Galilei die Folter androhen soll oder nicht. Galileo hatte wissenschaftliche Erkenntnisse gewonnen, die das Verhältnis der Menschen zu Gott grundlegend verändern würden, und die Kirche wollte nun von Galilei Zugeständnisse erzwingen. Aus diesem Grund war der Großinquisitor am Morgen zum Papst gekommen, um von diesem eine Entscheidung über das weitere Vorgehen gegen Galilei zu erbitten. Der Papst war gerade aufgestanden und, während er mit dem Großinquisitor sprach, kleidete ihn ein Diener an. Der Papst wurde mit diesem Thema also in einem Moment konfrontiert, wo er noch gar nicht richtig Papst war, vielleicht war er auch noch etwas verschlafen. In dem Augenblick war er noch ein gewöhnlicher Mann, kein Politiker. So reagierte er zunächst auch nachsichtig. Er war geneigt, Galilei zu schützen. Er sah in Galilei einen Menschen, der sinnlich ist, der zu einem "*alten Wein oder zu einem guten Gedanken*" nicht nein sagen könne. Uns so forderte der Papst: "*Hand weg von ihm*". Am Ende der Szene, als der Papst vollständig angekleidet und in "*vollem Ornat*" war, beschloss er jedoch, Galilei mit Folter drohen zu lassen.

Zu Beginn des Gespräches, noch nicht in der päpstlichen Kleidung, war er natürlicher, ein wenig meditativer, etwas menschlicher gewesen. Deswegen hatte er da auch noch menschlicher entschieden. Am Ende jedoch war er in seiner gesellschaftlichen Rolle angekommen. Die Veränderung war auf den ersten Blick rein äußerlich: Der Papst bekleidete lediglich seinen Körper mit wertvollen Stoffen. Aber diese Veränderung zog auch eine innerliche Veränderung nach sich. Erst durch das Ankleiden wurde er vollständig zum Papst.

Eine Schauspielstudentin, die als Klientin zu mir kam, erzählte mir, dass Schauspieler, wenn sie ihre Rollen auf der Bühne einüben, nicht ihre gewöhnliche Tageskleidung tragen dürfen. Sie tragen eine neutrale, leichte, bequeme und nur für die Proben vorgesehene Garderobe. Denn würden sie tragen, was sie auch im normalen Alltag anhaben, könnten sie die neue Rolle, die sie auf der Bühne zu spielen haben, nicht wirklich erfassen. Mit ihrer Alltagskleidung würden sie ihrem privaten Leben zu sehr verhaftet bleiben. Bereits mit der Auswahl deiner Kleidung definierst du demnach die Rolle, die du spielen wirst. Doch noch viel stärker als die Kleider legen deine Ängste und Wünsche dich fest – und das geschieht unbewusst.

Wenn du lediglich meditierst, ohne gleichzeitig meditativ zu leben, wenn du nur mit geschlossenen Augen meditativ bist und nicht auch mit geöffneten, dann wird dir stets dasselbe passieren, wie dem Papst in Brechts Drama. In der Meditation bist du näher bei dir. Du lässt deine gesellschaftlichen Rollen gehen, sie fallen von dir ab. Du lässt dich auf dich selbst ein, du wirst intim mit dir. Je tiefer du in die Meditation vordringst, desto intensiver begegnest du dir selbst und desto mehr bietet sich dir die Möglichkeit, die Illusionen, in denen du lebst, zu durchschauen. Doch dann öffnest du wieder deine Augen, kämmst deine Haare, ziehst dir einen Anzug an, gehst wieder hinaus auf die Straße – und bist erneut gefangen von deinen gewohnten Szenarien. Du begegnest anderen weiterhin mit Argwohn, du willst weiter glänzen, du hast Sorge zu versagen und kämpfst darum, Sicherheiten zu schaffen. Wie der Papst seine Robe, so legst auch du gesellschaftliche Rollen an. Wie der Papst durch den dicken Stoff, spürst auch du den lebendigen Menschen in dir nicht mehr. Wenn du nur meditierst, ohne dabei meditativ zu existieren, dann betrügst du dich selbst. Dann wird deine Meditation nicht viel mehr bleiben als lediglich eine Entspannung, eine Art mentales Fitnesstraining, ein Teil deines Lifestyles.

Zu glauben, meditativ SEIN setze nur voraus, dass du die Augen schließt und dich entspannst, ist, als würdest du glauben, eine Apfelsine bestünde bloß aus ihrer orangefarbenen Schale, weil nur diese sichtbar ist. Das Wesentliche der Apfelsine liegt jedoch unter ihrer Schale verborgen: das Fruchtfleisch, der Saft und die Kerne. Die Apfelsinenschale ist nötig, solange die Apfelsine wächst. Sie ist der Schutz, der ihre Reifung ermöglicht. Doch sobald die Apfelsine reif ist, entfernt man die Schale, um zum Wesentlichen vordringen zu können. In diesem Sinne ist auch das Schließen der Augen bei der Meditation nur eine Schale, nur ein Schutz, damit deine Meditation reifen kann.

Das Meditieren mit geschlossenen Augen ist der Weckruf, das meditative SEIN dagegen das Erwachen. Wie du zuerst den Weckruf in dir vernimmst und wie du ihn danach nutzt für dein Erwachen, darum geht es in diesem Buch.

In unserem Gleichnis von der Eifersucht stellte Stephan dem Meister die Frage, was er nach dem Erwachen aus der Meditation tun könne, um auch im Alltag meditativ zu bleiben. Stephan hat schon viel erkannt. So wusste er bereits, dass ihn die Eifersucht nicht heimsucht, während er meditiert, denn in diesem Zustand ist er ihr Beobachter. Zu einer anderen Erkenntnis jedoch war er noch nicht vorgedrungen: Der Übergang von der Meditation in den Alltag ist in Wahrheit kein

Erwachen. Dieser Übergang ist im Gegenteil ein Zurückkehren in ein Schattendasein, das aus gesellschaftlichen Rollen besteht. Erwacht war Stephan in der Meditation, dort war er bewusst, dort war er der Zeuge, der Beobachter seiner Gefühle und Gedanken. Diese Fähigkeit, sich selbst zu beobachten, ging ihm im Alltag wieder verloren. Deswegen hatten ihn seine Eifersucht und seine anderen Ängste nun wieder fest im Griff. Erwacht war Stephan während der Meditation und nicht außerhalb der Meditation. Doch genau darum geht es: Wie kannst du das Erwachtsein der Meditation ausdehnen in den Alltag? Stephans Alltag ist bislang geprägt von Eifersucht und Angst.

ERSTER SCHRITT

Meditieren mit geschlossenen Augen

In deinen glücklichen Momenten warst du schon immer meditativ

Warum sind Kinder, wenn sie spielen, glücklich? Warum wirken Erwachsene bei so vielen Handlungen, nicht nur bei ihrer Arbeit, so häufig unglücklich? Warum macht Kindern das Spielen Spaß? Und warum machen den Erwachsenen so wenige Dinge, die sie tun, Freude? Die meisten empfinden noch nicht einmal Freude, wenn sie mit ihren Kindern spielen. Warum ist das so?

Ein Unterschied zwischen den Handlungen eines Erwachsenen und denen eines spielenden Kindes liegt darin, dass das Kind mit seinem Tun keinerlei Ziel verfolgt. Das Kind interessiert sich nur für das Spielen, es zählt das Spiel an sich. Das Kind verliert sich im Spiel, es vergisst sich. Dieses Sichvergessen ist Glück. Wir Erwachsene haben verlernt uns zu vergessen. Wir tun Dinge, weil wir mit ihnen etwas Bestimmtes bezwecken. So denken wir bei unserem Tun an die Zukunft; wir wollen erfolgreich sein, jemanden überzeugen oder jemanden an uns binden. Auf diese Weise knüpfen wir an unser gesamtes Tun Hoffnungen. Hoffnungen und Erwartungen zerstören jedoch die Gegenwart. Aber nur in der Gegenwart können wir uns verlieren, nur in der Gegenwart kannst du glücklich sein.

Um denselben Prozess geht es, wenn ein Maler ein Bild erschafft. Beim Malen wird in seinem Kopf keinerlei Vorstellung von dem sein, was er mit dem neuen Bild erreichen könnte. Er wird weder an seinen späteren Ruhm denken, noch an das Geld, das er mit dem Bild verdienen könnte. Jetzt sind sämtliche Zukunftserwartungen in ihm nicht mehr vorhanden. Gelingt ihm das nicht, wird er nicht wirklich kreativ sein können. Beim Erschaffen seiner Werke ist der Künstler also ein spielendes Kind. Es gibt für ihn kein Ziel. Für ihn existiert nichts außer sich und der Leinwand. Aus dieser Freiheit heraus schöpft er das Kunstwerk - und in dieser Freiheit entsteht seine Freude.

Pablo Picasso war einer der kreativsten Künstler, die es in der Kunstgeschichte überhaupt gegeben hat. Es gab kaum eine Stilrichtung, kaum eine Maltechnik, die Picasso nicht beherrscht hätte und der er nicht zu immer neuem Leben verhalf. Seine Ateliers glichen Kontinenten der Kunst. Francoise Gilot, eine seiner Lebensgefährtinnen, berichtete ein bemerkenswertes Detail über Picassos Lebensrhythmus. Nachdem Picasso sehr spät am Tag aufgestanden war und gefrühstückt hatte, stand er oft stundenlang völlig versunken in seinem Atelier vor der Leinwand, ohne irgendetwas zu tun. Er schien vollkommen abwesend - er schien in einer anderen Welt zu sein. Nach diesen Stunden der Stille fing er unvermittelt zu malen an. Er schien wie in Trance, und die Kunstwerke sind aus ihm regelrecht herausgeströmt. Es war eine kreative Explosion. Filmaufnahmen des malenden Picasso dokumentieren, wie er komplexe Zeichnungen und sogar Gemälde mit traumwandlerischer Sicherheit hinwarf, ohne dabei Korrekturen vornehmen zu müssen. Er befand sich dabei offenbar in direktem Kontakt mit einer schöpferischen Quelle. Er und das Kunstwerk, das er gerade schuf, waren eins. Picasso und sein Bild verschmolzen vollkommen im Augenblick. Aber bevor er so schaffen konnte, stand er lange vor der Leinwand, ohne irgendetwas zu tun. Ich bin überzeugt, dass er diese Phase der Passivität ebenso als großes Glück erfahren hat wie das Malen selbst. Francoise Gilot erzählte, dass Picasso furchtbar wütend wurde, wenn ihn jemand in diesem Zustand unterbrach - und das ist vollkommen verständlich. Vielleicht ohne es zu wissen, vielleicht ohne eine Ahnung von der langen östlichen Tradition der Meditation zu haben, befand sich Picasso, bevor er zu malen anfing, in Meditation. Während seiner Passivität befand er sich im Paradies. Dennoch: Picasso war nicht wirklich meditativ. Im Alltag, jenseits von Stille und Leinwand, verlor er diesen Zustand vollständig. Dann kam er zurück in die Konflikte, in die Sorgen. Dann erreichten ihn auch die Vorwürfe wieder, die seine Frauen ihm immerzu machten - kurz: Da war er erneut in der Hölle. Wenn also jemand Picasso in seiner Stille vor der Leinwand störte, wurde Picasso unmittelbar aus dem Paradies in die Hölle geworfen. Kein Wunder, dass er mit Wut reagierte. Und alle, die Picasso kannten, wussten, wie wütend er werden konnte. Er war ein Vulkan, den alle fürchteten.

Jeder, der schöpferisch tätig ist, kennt diese Stille, die Picasso vor seiner Leinwand erfuhr. Dies ist die Stille, aus der die Ideen fließen. Ideen kommen nie durch Nachdenken, sie strömen aus anderen Quellen. Das gilt nicht nur für Künstler, sondern auch Wissenschaftler sind genau dann kreativ, wenn ihr Denken aufhört. Die revolutionärsten Ideen in der Wissenschaftsgeschichte entstanden bei Spaziergängen oder im Schlaf. Von den Genies, die am Anfang des letzten Jahrhunderts die neue Physik schufen, die Relativitätstheorie und die Quantentheorie, waren viele ausgesprochen musisch begabt. Offensichtlich bezogen sie den Großteil ihrer Schöpferkraft daraus, dass sie fähig waren, beim Musizieren das wissenschaftliche Denken voll und ganz zu verlassen. Albert Einstein, der Begründer der Relativitätstheorie, spielte Violine, und in seiner Jugend stand er sogar vor der Wahl zwischen Wissenschaft und Kunst. Es ist dieses Musische, dieses Nicht-Logische, das Spontane, was Kreativität freisetzt. Kreativität entsteht mühelos. Dein Nicht-Bemühen, deine Leichtigkeit sind sogar die entscheidenden Voraussetzungen dafür, dass dein Unterbewusstes überhaupt zu dir sprechen kann. Deine Ideen werden dir dann zufallen, wenn du dich nicht mehr darum bemühst. Picasso antwortete auf die Frage nach den Quellen seiner unglaublichen Kreativität: *"Ich suche nicht, ich finde"*.

Die Behauptung, das Leben sei etwas, das erkämpft werden müsse, das man sich verdienen müsse und dass deswegen alles, was einem leicht falle, nichts wert sei, ist eine große Lüge, die dich von deiner Kreativität trennt.

Das ist Ausdruck von Meditation: Schöpfen und Erschaffen ohne dabei ein Motiv zu verfolgen und ohne angestrengt zu sein. Du selbst, lieber Leser, kennst ebenfalls dieses Tun ohne Anstrengung. In den Momenten, in denen du vollkommen losgelassen hattest, kamen dir die besten Ideen. Dies waren Momente, in denen du tatsächlich meditativ warst. Bisher bist du zum einen rein zufällig in diesen meditativen Zustand gelangt, zum anderen hast du überhaupt nicht gewusst, dass du dich in Meditation befindest. Diesen Zustand bewusst einzunehmen und zu erhalten, kannst du erlernen.

In einer uralten Zen-Geschichte begegnet ein Maler einem König, ein Künstler begegnet einem Politiker. Man könnte auch sagen: Ein Mann der Kreativität, der Spontaneität und der Mühelosigkeit trifft auf einen Mann der Berechnung, der Manipulation und der Anstrengung. Und der Künstler vermittelt dem König die Erfahrung des Mühelosen, er bezieht den König in den Augenblick der Kreativität ein. Er macht ihm dieses Geschenk.

Der König hatte sich in den Kopf gesetzt, sich in sein Schloss ein Bild zu hängen, auf dem ein Hahn dargestellt ist. Warum er unbedingt einen Hahn wollte, wissen wir nicht. Es war aber so. Nun, um den Maler, dessen herausragender künstlerischer Ruf bis zum König vorgedrungen war, zu beauftragen, wurde dieser ins Schloss gebeten. Immerhin war unser König kein typischer Herrscher. Er empfand sich nicht nur als Politiker, sondern auch als Schöngeist. Ja als einen Mann, der sich für die Künste ebenso interessierte wie für die aktuellen Fragen der Philosophie. Der Maler hingegen war nicht nur ein Meister der Tuschezeichnung. Er war auch ein Mystiker, ein Meditierender, und lebte bewusst im jeweiligen Augenblick.

Als der Maler nun vor dem König stand, erläuterte dieser ihm, was er von ihm wollte. Der König bat den Künstler, ihm einen Hahn zu malen. Der Maler willigte ohne zu zögern ein, jedoch stellte er dem König zwei Bedingungen. Der König und seine um ihn herumstehenden Untergebenen stutzten. In den Gesichtern der Minister stand pures Entsetzen. Würde der König diesen Unverfrorenen in den Kerker werfen lassen? Ihm, dem unumschränkten Herrscher, stellte doch niemand Bedingungen! Der König jedoch hatte für so viel Selbstbewusstsein Sympathie. "*Sage mir deine Forderungen*", ermunterte er diesen ungewöhnlichen Künstler. "*Als erstes*", hob der Maler an, "*benötige ich für das Bild ein Jahr Zeit*". Die zweite Bedingung war ein unverschämt hoher Preis. Er wollte für dieses Hahn-Bild so viele Goldmünzen, wie die wichtigsten Minister des Königs in zehn Jahren verdienten, wenn sie nicht zuvor vom Hof gejagt wurden. Als der Maler fertig gesprochen hatte, war der König erblasst. Obwohl er sich nicht ganz sicher war, ob er das Verlangen des Malers nicht einfach für unverschämt halten sollte, willigte er schließlich ein. Irgendetwas sagte ihm, er solle sich auf diesen sonderbaren Mann einlassen. Noch am selben Tag wurde das viele Gold ausgezahlt.

Endlich war das Jahr vergangen. Voller Erwartung machte sich der König auf und reiste mit seinen bedeutendsten Ministern zu dem Maler, um den eigens für ihn gemalten Hahn in Empfang zu nehmen, für den er so viele Goldmünzen bezahlt hatte. Doch da erwartete den König erneut eine Überraschung. Der Meister sagte dem König, dass er mit dem Bild noch nicht fertig sei. Er bräuchte noch ein weiteres Jahr. Der König war erschüttert. Noch ein Jahr! Hatte er sich doch so auf sein neues Bild gefreut. Doch obwohl der König sehr enttäuscht und irritiert war, willigte er wiederum ein. Ihm war es wichtig, von diesem Künstler einen Hahn gemalt zu bekommen. Außerdem hatte er ja bereits sehr viel dafür bezahlt.

Ein weiteres Jahr später reiste der König mit seinen Ministern erneut zum Maler. Nun würde er endlich sein heiß ersehntes Hahn-Gemälde überreicht bekommen. Aber was geschah? Wieder vertröstete der Maler den König. Er bräuchte noch ein Jahr, sagte er seinem Auftraggeber. Erneut willigte der König ein. Seine Minister schüttelten die Köpfe. Sie konnten ihren König nun gar nicht mehr verstehen.

Dies ging insgesamt fünf geschlagene Jahre so. Der König reiste mit seinem gesamten Tross, mit seinen wichtigsten Ministern zu dem Maler. Und was erwartete ihn? Jedesmal wurde er vertröstet. Das Hahn-Bild war noch nicht fertig.

Als der König mit seinem Regierungs-Tross im sechsten Jahr zum Maler reiste, erwartete ihn diesmal eine ganz andere Überraschung. Der Meister bat den König an einen Tisch. *"Bitte setzt euch, Majestät"*, sagte er zu seinem Herrscher. Dann holte er unbenutztes Pergamentpapier, Tusche und Pinsel hervor und begann damit, im Beisein des Königs einen Hahn zu malen. Der König wurde Zeuge, wie innerhalb von Minuten sein Bild entstand. Das Bild, auf das er sage und schreibe nun sechs Jahre gewartet hatte. Der Weise schuf einen wundervollen Hahn, einen Hahn von absoluter Präzision, schön und stolz; der Hahn wirkte, als wäre er lebendig. Der König war von dem Bild begeistert. Es war ein Meisterwerk. Dieses Bild war genau das Meisterwerk, das er sich erhofft hatte, als er vor sechs Jahren in seinem Schloss den Maler die astronomische Summe hatte sagen hören.

Dennoch fand der König diesen gesamten Vorgang seltsam. Was sollte dieses Verhalten des Malers? Erst ließ er ihn jahrelang auf das Bild warten, das er derart teuer bezahlt hatte, und dann konnte der Maler es plötzlich innerhalb von Minuten auf das Pergament zaubern. So fragte der König den Meister: *"Wozu hast du sechs Jahre gebraucht, wenn du nun das Bild innerhalb von Minuten aufs Papier wirfst?"* Der Maler bat den König in einen Nebenraum seines kleinen, nur spartanisch eingerichteten Hauses. Hier stand ein großer alter Verschlag an der Wand. Der Maler öffnete dessen Tür. Vor den erstaunten Augen des Königs rollten Dutzende von Pergamentrollen auf den Boden. Sie alle waren bemalt - mit Hähnen. Der König glaubte zu verstehen: "*Ach, er hat die ganzen sechs Jahre gebraucht, um zu üben. Daher konnte er jetzt in Windeseile den vollkommenen Hahn malen*". Der Herrscher glaubte, der Maler habe all diese Hähne gemalt, um Perfektion zu erlangen. Er dachte: "*Er ist ein guter und fleißiger Mann, dieser kauzige Maler. Ich habe mein Geld richtig investiert. Er hat sich sein Geld mühevoll und redlich verdient.*"

Doch der König irrte. Hätte er sich die anderen Bilder wirklich einmal angeschaut, dann hätte er etwas Überraschendes feststellen können: All diese gemalten Hähne waren bereits vollkommen. Kein einziger sah aus wie ein Übungsobjekt. Der erste war schon so schön, so vollendet wie der soeben hingeworfene, denn der Maler war ja schon ein großer Meister, bevor der König ihn kennen gelernt hatte. Jeden dieser vielen Hähne hätte der Meister dem König geben können und hätte damit seinen Auftrag erfüllt gehabt. Aber darum war es dem Weisen gar nicht gegangen. - Ihm ging es ausschließlich um den Augenblick des Schaffens, an dem er den unbewussten König teilhaben lassen wollte. Im Vorgang des Malens fand Kreativität, fand Meditation statt. Der Meister wollte, dass der König davon etwas erfuhr. Aus diesem Grund ließ er den König sechs Jahre warten. Er wollte ihn sensibel machen, er wollte ihn ungeduldig machen, er wollte ihn in seiner Sicherheit und in seiner Selbstgefälligkeit etwas erschüttern. Er wollte den König verunsichern mit dem einen Ziel: Dass dieser in den wenigen Minuten, in denen der Hahn entstand, etwas offener sei. Damit er diesen kreativen Moment aufnehmen, ihn in sich eindringen lassen konnte. Ob der König dazu fähig war? Hat er diesen Moment nutzen können? Der König war in Wahrheit nicht der Käufer eines Kunstwerkes. Er war ein Jünger, ein Suchender. Und der Meister versuchte, auf den König etwas zu übertragen.

Es würde mir gefallen, wenn die Geschichte noch eine Episode weiter gehen würde. Sie würde dann ein anderes Ende nehmen: Der

König hätte erkannt, was mit ihm bei der Begegnung geschehen ist. Er hat ungeheuer viel Geld bezahlt für diesen Hahn. Er hat lange Zeit auf diesen Hahn gewartet, so lange, dass er schon zornig wurde. Und hier am Tisch hätte er verstanden, dass es überhaupt nicht um den Hahn ging. Als der Hahn fertig war, ließ der König dem Meister noch einmal dieselbe Summe als Honorar auszahlen, die er schon einmal gezahlt hatte, obwohl seine Minister sich dabei die Haare rauften. Dann ging er wieder zurück in sein Schloss – und nahm den Hahn nicht mit.

Wenn du ankommst im Augenblick, in deiner Stille, dann wirst du dieselben Quellen nutzen können, die dieser Meister nutzte.

Diese Stille muss nicht passiv sein, sie kann sehr aktiv, sehr raumgreifend sein. Manche glauben, das Geheimnis des Glückes läge darin, nicht zu handeln, sondern nur zu ruhen. Es wird sogar behauptet, diese passive Haltung sei spirituell. Unsere Kinder beweisen uns das Gegenteil. Sie handeln lustvoll und kraftvoll. Manchmal sind sie sogar unerbittlich – ohne dabei das Glück und die Lebendigkeit in ihren Augen zu verlieren.

Viele Menschen, die zu mir kommen, suchen Hilfe, weil sie Angst und Schmerzen haben und Druck erleben. Sie fühlen sich vom Leben getrieben. Unbewusst glauben sie, dass die Hilfe darin bestehen müsste, sie vor all diesen unangenehmen Dingen in Zukunft zu bewahren. Ihr ganzes Leben lang waren sie bemüht, Sicherheiten gegen ihre Ängste zu schaffen. Exakt mit dieser Einstellung wollen sie nun auch Meditation erlernen. Sie sehen in der Meditation eine Versicherungspolice gegen ihre Befürchtungen. Doch mit dieser Haltung verfehlen sie das Wesen der Meditation.

An den Kindern perlt das Leben nicht ab. Sie freuen sich, wenn ihnen etwas gelingt, und diese Freude ist in ihren Gesichtern unmittelbar ablesbar. Kinder hüpfen und springen spontan vor Freude - wann hast du das zuletzt getan? Kinder lassen auch ihre Trauer voll zu, wenn ihnen etwas misslingt. Geht etwas schief, oder erschrecken sie bei einem ihrer Versuche, das Leben zu ergründen, dann weinen sie. Sie lassen sich auf alles ein, was geschieht - und Lebendigkeit ist in ihren Augen.

Darum geht es. Finde die Quelle deiner Lebendigkeit wieder! Jesus sagte: "*Wenn ihr das Reich Gottes nicht empfangt wie die Kinder, dann werdet ihr es nie empfangen.*" Pablo Picasso sagte im hohen Alter über sich: "*Mit vierzehn Jahren konnte ich malen wie Raffael. Ich brauchte mein ganzes Leben, um zeichnen zu lernen wie ein Kind.*" Das ist der Weg, den wir letztlich alle gehen. Wir haben unsere Kindheit verlassen, mit vielen verdrehten Vorstellungen im Kopf, die uns die Erwachsenen suggeriert haben. Wir sollten Karriere machen, wir sollten Geld verdienen. Wichtiger als unser Glück waren unseren Eltern ihre eigenen Vorstellungen. Auch der kleine Pablo wurde von seinen Eltern verehrt - jedoch vor allem für sein Talent. Um den Erwartungen unserer Eltern zu entsprechen, haben wir vergessen, wer wir selber sind. Wir haben vergessen, dass wir wissen, was Spontaneität, Kreativität und Glück für uns bedeuten.

Was ist dieses Geheimnis, das auch du kanntest, als dein Leben begann? Wenn du meditativ wirst, dann wirst du dieses Geheimnis wiederfinden - und hast du es einmal wiedergefunden, wirst du es nicht mehr verlieren.

Deinen Körper beobachten

Führe die folgende kleine Übung durch.

Übung *KÖRPERBEOBACHTUNG:*

Setze oder lege dich entspannt hin. Die Beine und Arme sollten nicht gekreuzt sein und sich auch nicht berühren (es sei denn, du meditierst in einer der östlichen Sitzhaltungen, wie im Schneider- oder Lotussitz). Dein Rücken sollte gerade, aber nicht verkrampft sein. Um zu meditieren, musst du nicht irgendwelche komplizierten oder gar anstrengenden Körperpositionen einnehmen. Weder körperlich noch mental musst du dich verrenken, um meditieren zu können. Immer, wenn dich Meditation anstrengt, machst du etwas falsch. Dann hat dich dein Ehrgeiz im Griff. Nimm also eine offene Körperhaltung ein und lasse deinen Rücken angenehm gerade sein – das genügt zunächst.

Wenn du deine Position gefunden hast, dann kannst du noch ein paar Minuten so liegen oder sitzen bleiben, ohne irgendetwas zu tun oder anzustreben. Bleibe einfach liegen oder sitzen.

Nun kommst du zur eigentlichen Körperbeobachtung. Schließe deine Augen und beobachte deinen Körper, ohne ihn zu verändern, beginnend bei den Füßen. Es ist ganz entscheidend, dass du deine Gliedmaßen wirklich nicht veränderst. Du beobachtest, wie sich die einzelnen Körperteile anfühlen, ohne sie zu beeinflussen. Du bemühst dich weder, sie zu entspannen, noch sie warm zu machen. Tue gar nichts mit ihnen. Spüre einfach nur bewusst hin, wie es ihnen geht, wie sie sich anfühlen. Deine Körperteile bekommen von dir jetzt lediglich Aufmerksamkeit.

Du beobachtest also nacheinander deine **Füße** ...,
deine **Beine,**
deinen **Bauch,**
deinen **Rücken,**
deinen **Brustkorb,**
deinen **Hals- und Mundbereich,** einschließlich Kehle und Zunge,
deine **Augen, Nase und Ohren.**
Verweile bei jedem Körperteil einige Sekunden.
Genieße dieses Beobachten bewusst. Du hast jetzt Zeit, um bei deinem Körper zu sein. Wichtig ist, dass du an deinem Körper nichts veränderst. Wenn du irgendwo einen Schmerz oder eine Verspannung bemerkst, dann bemühst du dich nicht, diese Verspannung zu beseitigen. Du wartest nicht darauf, dass sie verschwindet, sondern du beobachtest sie einfach. Du nutzt die Gelegenheit, sie zu spüren.

Beobachte dann deine **Gesichtsmuskeln.** Das Gesicht ist besonders empfänglich für Verspannungen. Sie alle finden sich im Antlitz eines Menschen wieder. Aus diesem Grund kann man den Charakter im Gesicht ablesen. Denn der Charakter ist nichts anderes als die Summe der

Ängste und typischen Verhaltensmuster, mit denen jemand seinen Ängsten ausweicht.

Auch deine Gesichtsmuskeln beobachtest du, ohne sie zu verändern. Beginne bei deinen **Wangen,**
gehe dann zu deinen **Lippen,**
deinen **Nasenflanken,**
deinen **Augenbrauen,**
deinen **Augenlidern.**
Gehe dann über zur Stirn und zu den **Schläfen,**
und zur ganzen **Kopfhaut** bis zum **Nacken.**

Schließlich beobachtest du deine **Arme, Hände** und **Finger.** Bis in die Fingerspitzen beobachtest du dich.

Nimm danach einige **Atemzüge** wahr, ohne den Atem zu beeinflussen. Lass deinen Körper selbstständig atmen, ohne einzugreifen.

Du hast dir nun die einzelnen Teile deines Körpers bewusst gemacht. Dieser erste Teil der Übung, dieses Scannen deines Körpers dauert höchstens fünf bis zehn Minuten. Wichtig ist, dass du dies in Ruhe und mit Genuss durchführst, dass du nicht über deinen Körper hinweghuschst, sondern dich ihm wirklich zuwendest. Sei wirklich für ihn da!

Jetzt beginnt der zweite Teil dieser kleinen Übung. Du hast die einzelnen Teile deines Körpers wahrgenommen, sie sind dir bewusst geworden, sie sind präsent. Nun beobachtest du zwanzig oder dreißig Minuten lang deinen gesamten Körper. Du bist damit der Beobachter, der Zeuge deines Körpers. Du kannst darauf achten, auf welche

Weise du deinen Körper erlebst. Mancher spürt eher seine Gelenke, andere fühlen stärker die Muskeln oder das Bindegewebe. Wieder andere spüren mehr ihren Atem oder den Pulsschlag. Bei jedem ist das anders.

Es kommt auch nicht darauf an, dass du wirklich alles beobachtest. Es kommst nicht auf perfekte Vollständigkeit an, denn Meditation hat nie etwas mit Perfektion zu tun. Wenn du bemerkst, dass du bei der Meditation perfekt sein willst, dann hat dich dein Ehrgeiz und damit dein Ego im Griff - und das ist genau das Gegenteil von Meditation. Entscheidend beim Meditieren ist die **BEOBACHTERPOSITION.**
Beobachte jetzt zehn oder zwanzig, vielleicht sogar dreißig Minuten lang deinen Körper.
Am Ende dieser Übung zählst du innerlich von eins bis fünf und streckst dabei ausgiebig deinen Körper:

Eins - du streckst deine Füße.
Zwei - du streckst deine Finger.
Drei - du streckst deine Knie.
Vier - du streckst deinen ganzen Körper. Strecke dich richtig ausführlich und kräftig.
Fünf - du öffnest deine Augen und fühlst dich pudelwohl.

Da du deinen Körper bei dieser Übung nicht veränderst, bist du gezwungen, ihn zu akzeptieren, wie er gerade ist. Meditieren heißt zu akzeptieren, was ist. Das tust du nun mit deinem Körper. Du nimmst ihn an, wie er sich jetzt anfühlt. Wenn du an einem Tag meditierst, an dem du einen heftigen Streit hattest und ganz aufgewühlt bist, dann schaust du dir in der Meditation an, wie sich dein Körper jetzt - so aufgewühlt - anfühlt. Bemühe dich nicht darum, dieses Aufgewühltsein zu beenden. Dann wirst du etwas Interessantes beobachten: Wenn du deinen Körper akzeptierst, wie er ist, dann entspannt er sich ganz von allein. Wenn du deinen angespannten Körper akzeptierst, wenn du das Angespanntsein einfach nur beobachtest, Körperteil für Körperteil, wirst du entspannen. Das ist eine Grunderfahrung unseres Seins: Immer, wenn du die Existenz annimmst, wenn du dich nicht gegen sie wehrst, entspannst du dich. Nutze die Übung *KÖRPERBEOBACHTUNG* für diese Erfahrung!

Drei bemerkenswerte Phänomene werden dir bei dieser Übung begegnen. Bereits bei dieser kleinen Übung kannst du wesentliche Elemente von Meditation verstehen – wenn du nur darauf achtest.

Als erstes wirst du bemerken, dass es dir nicht gelingt, kontinuierlich Beobachter zu bleiben. Du wirst zwischenzeitlich abschweifen in Gedanken, in Träumereien. Vielleicht schläfst du sogar ein. Doch die Begegnung mit diesem Abschweifen ist von großer Bedeutung.

Wir alle machen unsere Erfahrungen mit unserem Körper. Ganz gleich was uns geschieht, wir erfahren es immer über unseren Körper. Wenn wir etwas essen – der Körper schmeckt es. Wenn wir frieren – es friert der Körper. Wenn wir uns freuen, dann fließen Lebendigkeit und Aufregung durch den Körper: Das Herz schlägt schneller, die Haut ist sensibler. Auch wenn wir Angst haben, spüren wir es körperlich. Vielleicht bekommen wir einen Kloß im Hals, vielleicht schnürt es uns den Brustkorb zu, vielleicht erleben wir die Angst wie einen Schlag in die Magengrube. Alles, was wir erleben, erfahren wir über den Körper.

Unsere Seele hat sich diesen Körper erschaffen, um genau dies zu ermöglichen, um mit seiner Hilfe Erfahrungen machen zu können. Aber nicht einmal in einer entspannten meditativen Situation, in der die Ablenkungen durch die Außenwelt reduziert sind, gelingt es uns, bei unserem Körper zu bleiben. Nicht einmal in einem solch stillen Moment können wir uns mit unserem eigenen Körper dauerhaft verbinden. Wie sollen wir dann erst im Alltag bei uns bleiben können, wo wir pausenlos unendlichen Eindrücken ausgesetzt sind? Dann verlieren wir unseren Körper ganz und gar. Dann verlieren wir uns selbst aus dem Sinn. Dann sind wir nicht mehr da.

Es ist doch erstaunlich: Wir verwenden unsere Sinne ausschließlich dazu, die Außenwelt wahrzunehmen. Unsere Innenwelt sehen wir nicht mehr. Aber genau sie sollen wir wahrnehmen, denn das ist es eigentlich, was die Seele interessiert. Aus der Sicht der Seele betrachtet, ist die Außenwelt nur der Nebeneffekt. Weil wir uns jedoch so vollständig auf die Umgebung ausrichten, beschleicht uns so häufig das Gefühl, das Leben würde an uns vorüberziehen, ohne uns zu tangieren. Daher leben so viele Menschen mit der Empfindung, das Wichtigste zu verpassen - und sie verpassen es tatsächlich. Das Entscheidende findet nur *in uns* statt. Liebe findet nur in uns statt. Freude findet nur in uns statt. Schmerz und Sehnsucht finden nur in uns statt. Auch Nähe zu anderen Menschen erlebst du in dir. Du glaubst zwar, Nähe zu einem anderen fändest du bei *ihm*, du glaubst, das ginge nur dadurch, dass du zu *ihm* hinspürtest - aber da täuschst du dich. In Wirklichkeit kannst du Nähe nur in dir erfahren. Es gilt, mit deinen Sinnen gleichzeitig bei ihm und in dir zu sein. Spüre, wie sich diese Begegnung in dir anfühlt. Viele Menschen haben beschlossen, sich nicht mehr zu verlieben, weil sie sich dann immer selbst verlieren. Doch dieses Sich-Verlieren ist keine Folge ihrer Liebe. Es passiert nur aus dem Grund, weil sie nicht in der Lage sind, bei sich zu bleiben. Sie haben sich schon längst selbst verloren.

Der Kontakt zum Körper ist der Beginn jeder Bewusstheit, er ist der Beginn von Meditation und der Ausgangspunkt eines erfüllten Lebens. All deine Handlungen werden ihren Charakter vollkommen verändern, wenn du, während du handelst, gleichzeitig bewusst in deinen Körper hineinspürst. Die Art wie du isst, wird sich grundlegend verändern, und alle Sorgen mit Übergewicht, mit der Verschlackung deines Körpers und mit Mangelerscheinungen werden verschwinden. Ob du Briefe schreibst, ob du mit jemandem sprichst, ob du verhandelst, ob du andere Menschen für deine Ideen gewinnen möchtest - alles wird eine völlig neue Qualität erhalten. Auch deine Sexualität wird sich dir anders präsentieren - befreit, voller Nähe zu dir selbst und zu deinem Partner, mit einer unerhörten Intensität. Wenn es dir zur Gewohnheit geworden ist, deinen Körper im Alltag wahrzunehmen, dann wird es dir rückblickend, in der Erinnerung so erscheinen, als seist du bisher mehr ein Geist gewesen, der schlaftrunken auf der Erde wandelte.

Das Wort *Niemand* heißt in der englische Sprache *nobody* - kein Körper. Wenn du deinen Körper verloren hast, weil du ihn nicht wahrnimmst, dann bist du *no body*. Dann bist du abwesend, nicht da, niemand. Dann bist du nicht präsent. Dann verstreicht deine Lebenszeit, ohne dass das Dasein dich berühren kann. Dann ist es so, als würde die Welt ohne dich geschehen. Es ist sogar so, als würde dein eigenes Leben ohne dich geschehen.

Die zweite entscheidende Erfahrung während dieser kleinen Meditation ist noch seltsamer als die erste. Sie hat etwas geradezu Mystisches. Diese Erfahrung besteht darin, dass du immer erst am Ende einer Abschweifung erkennst, dass du überhaupt abgeschweift warst. Den Beginn des Abschweifens bemerkst du gar nicht. Eben hast du noch deinen Körper beobachtet, jetzt bist du schon wieder verwickelt in Gedanken und Tagträume. Aber wie es dazu gekommen ist, das hast du gar nicht mitbekommen. Eben warst du noch bewusst, hattest Kontakt zu deinem Körper, doch jetzt bist du schon wieder versunken in eine Traumwelt. Du bist über die Brücke gegangen, ohne es überhaupt bemerkt zu haben.

Genau in diesem Phänomen drückt sich Unbewusstheit aus. Wir Menschen glauben, dass wir die ganze Welt beherrschen können. Wir können Atomkerne spalten, wir hantieren mit Genen und klonen Lebewesen. So glauben wir, alles verstehen zu können. Wir glauben, wir seien die Krönung der Schöpfung und könnten mit unserem Verstand alles durchdringen und uns gefügig machen. Dabei haben wir nicht einmal die Macht, diesen kleinen inneren Moment zu beobachten! Er entzieht sich uns. Wir sind so konstruiert, dass wir ohne jede Anstrengung, ohne irgendetwas dazuzutun, ja ohne es überhaupt zu bemerken, in Unbewusstheit abgleiten. Wir gehen weg, wir verlassen die Welt, aber wir sind uns dessen nicht bewusst. Dies führt dazu, dass wir unser Leben bis auf wenige wache Momente in einem Scheindasein verbringen. Irgendwann in der Kindheit haben wir die reale Welt verlassen und sind in diese Scheinwelt eingetaucht. Wir sind geflohen, weil wir wach und präsent unsere Eltern nicht hätten ertragen können. Und seither ist die Scheinwelt unsere Realität.

Die meisten Menschen bemerken überhaupt nie, dass sie in einer Illusion leben, weil sie diese Illusion nie in Frage stellen. Wie ein Fisch im Ozean schwimmt, so schwimmen sie in dem permanenten Strom ihrer Gedanken. Wie ein gewöhnlicher Fisch ahnen sie noch nicht einmal, dass es eine andere Welt als ihre Gedankenwelt überhaupt gibt. Ein Fisch weiß nicht, dass es Wasser gibt, hat er doch nie etwas anderes kennen gelernt. Er war immer hautnah vom Wasser umschlossen. Nur ein besonderer Fisch kann eine Ahnung davon bekommen, wo er sich befindet. Ein besonderer Fisch ist ein Fisch, der irgendwann einmal das Wasser verlassen hat. Vielleicht ist er von einem Menschen herausgehoben worden. Dadurch hat er einen Zustand ohne Wasser erfahren, und deswegen existiert für ihn von nun an die Erfahrung Wasser. Mit der hier beschriebenen Übung *KÖRPERBEOBACHTUNG* verlässt du genauso für kurze Zeit deine Scheinwelt.

Mache dir diese bedeutsame Tatsache ganz bewusst: Du verlässt immer wieder deine Körperwahrnehmung, *ohne es überhaupt zu bemerken.* Alles, was du jemals im Leben als Leid erlebt hast, liegt in diesem Mechanismus der Unbewusstheit begründet.

Später, wenn du etwas mehr Sicherheit mit dieser Meditation erlangt hast, wenn es dir gelingt, über längere Zeit wirklich Beobachter deines Körpers zu bleiben, dann kannst du ein kleines Experiment durchführen. Versuche während der Meditation genau den Moment zu erhaschen, wo das Weggehen vom Körper und das Abschweifen in Tagträumereien beginnt. Du sitzt oder liegst entspannt da und bist der Beobachter deines Körpers. Zugleich achtest du darauf, wann dein Weggehen beginnt.

Doch diesen Moment zu erhaschen wird dir nicht gelingen. Trotz deiner Bemühung wirst du plötzlich wieder dein Abgeschweiftsein bemerken, ohne dessen Beginn mitbekommen zu haben. Es ist wie verhext. Zunächst ist es aber auch gar nicht entscheidend, dass du den Moment bemerkst. Entscheidend ist lediglich, dass du ihn *suchst*. Alleine damit, dass du diesen Moment einzufangen versuchst, dringst du tiefer in die Meditation vor. Du bekommst dadurch einen intimeren, unmittelbareren Kontakt zu deinem Körper und zu der Stille, die in dir ruht.

Das dritte Phänomen, dem du mit der Übung *KÖRPERBEOBACHTUNG* begegnest, ist noch wichtiger und grundlegender als die ersten beiden. Es beinhaltet einen Zusammenhang, der für alles, was du im Leben erfährst, eine fundamentale Bedeutung hat: Du kannst deinen Körper nicht wahrnehmen, wenn du denkst. Entweder du bist der Beobachter deines Körpers, oder du bist verwickelt ins Denken. Denken und wahrnehmen, Denken und Bewusstheit schließen sich gegenseitig aus.

Alle großen Mystiker der Menschheit, alle großen Meister haben immer wieder auf diese Tatsache hingewiesen. Buddha und Jesus, Meister Eckhart und Laotse - sie haben immer wieder gesagt, dass dein ganzes Problem im Denken liegt. Zwischen dir und der Realität, zwischen dir und dem Glück, zwischen dir und der Wahrheit steht immer nur - dein Denken. Mit dieser Tatsache konfrontiert dich bereits die Übung *KÖRPERBEOBACHTUNG*. Du versuchst, bei deinem Körper zu bleiben, doch dann bist du plötzlich in Gedanken verwickelt und hast damit deinen Körper verloren. Wenn du nun wieder zurückkehrst zu deinem Körper, verlierst du wiederum deine Gedanken. Dieses Phänomen wird bei fast allem, worüber wir auf den kommenden Seiten sprechen werden, eine wichtige Rolle spielen.

Lerne deine Gefühle kennen

Die folgende Geschichte ist mir zugetragen worden. Sie handelt von einer Frau namens Lydia. Es muss eine sehr alte Geschichte sein, mindestens so alt wie die ältesten antiken Mythen. Lydia war noch jung, und sie besaß zwei hervorstechende Eigenschaften. Zum einen war Lydia sehr schön. Sie hatte eine sanftmütige, Geborgenheit versprechende Erscheinung. So wirkte sie auf die Menschen außerordentlich anziehend. Alle bemühten sich um sie, obwohl sie, und jetzt kommt ihre zweite Eigenschaft neben ihrer Schönheit, einen kleinen Tick hatte. Lydia machte immer genau das Gegenteil von dem, was die anderen von ihr erwarteten. Sie konnte nicht anders. Sie konnte keine Harmonie zulassen. Lydia wurde beherrscht von einem für sie nicht zu bändigenden Verlangen, genau so zu agieren, wie die anderen es gerade nicht wollten.

Ich weiß nicht, woher dieser Tick bei ihr rührte, es muss irgendwann in ihrer Kindheit begonnen haben. Vielleicht waren ihre Eltern zu überfürsorglich und haben die kleine Lydia erdrückt mit ihrer vermeintlichen Liebe. Das Mädchen sah keine andere Möglichkeit, sich gegen diese Umklammerung zu wehren, als alles immer anders zu tun, als es sich die Eltern wünschten. So könnte dieses Verhalten entstanden sein. Vielleicht haben aber auch – im Gegenteil – die Eltern

Lydia zu häufig allein gelassen. Als Reaktion auf diese Vernachlässigung versuchte Lydia mit ihrem widerborstigen Verhalten dann ihre Eltern zu provozieren, um so Zuwendung zu erhalten. Denkbar ist aber auch, dass die Eltern beides gewesen sind. Sie haben die kleine Lydia oft allein gelassen, und wenn sie dann da waren, erstickten sie ihre Tochter mit Überfürsorglichkeit. Damit wäre dann das Mädchen hoffnungslos überfordert gewesen.

Was jedoch auch immer diese Charaktereigenschaft bei Lydia ausgelöst haben könnte, als erwachsene Frau zeigte sie noch immer diese Verhaltensweise. Sie verspürte einen übermäßigen Drang, bloß keinen Gleichklang mit einem anderen Menschen aufkommen zu lassen. Wenn der andere nach links gehen wollte, dann wollte Lydia nach rechts gehen. Wenn jemand ein Lied singen wollte, dann wollte Lydia unbedingt schweigen. So ging das immer. Aber wenn Lydia alleine war, wenn sich niemand in ihrer Nähe befand, dann wurde sie ganz ruhig und ausgeglichen. Dann konnte sie stunden- oder sogar tagelang still dasitzen und gar nichts tun. Dann befand sie sich in völligem Einvernehmen mit sich und der Welt. In dieser Zeit durchfloss sie eine große Kraft - eine Kraft, die sie auch dringend benötigte für die Stunden, wenn sie sich wieder mit irgendjemandem im Zwist befand.

Eines Tages verliebte sich ein junger Mann in Lydia. Er war von Lydias Schönheit und von der Sanftheit, die sie ausstrahlte, überwältigt. Er wusste ja auch noch nicht, worauf er sich da einließ und bemühte sich mit allem Nachdruck um seine Angebetete. Offenbar war er so verliebt und so blind in seiner Verliebtheit, dass er alle warnenden Hinweise in ihrem Verhalten übersah. Schließlich gelang es ihm, sie zu erobern. Er wurde Lydias Liebhaber.

Doch mit der Zeit merkte er - sogar trotz seiner Liebesblindheit -, dass irgendetwas nicht stimmte. Ständig gab es Konflikte mit seiner Geliebten. Unser Liebhaber bekam das Gefühl, es seiner Lydia nie recht machen zu können. Immer wollte sie etwas anderes als er, und er verstand nicht warum. Das war für ihn ein unlösbares Problem.

Eines Tages klagte der Liebhaber sein Leid seinem besten Freund. *"Ich bin völlig vernarrt in diese Frau, aber es ist sehr kompliziert mit ihr. Was immer ich tue, sie akzeptiert es nicht. Sie will es anders. Und wenn ich mich auf ihren Wunsch einlasse, dann will sie es wieder so, wie ich es zuerst getan habe. Nie mache ich das, was sie liebt. Sogar im Bett ist es so. Wenn ich ihr romantisch komme, dann will sie es hart. Und wenn ich sie hart nehme, dann will sie es romantisch. Es ist wie verhext"*, erzählte er voller Ratlosigkeit weiter. *"Sie erzeugt in mir ein emotionales Chaos. Es ist, als ob in meiner Seele kein Stein auf dem anderen bleibt. Diese Situation bringt mich um den Schlaf. Ich bin völlig gestresst und verliere schon den Appetit. Irgendetwas stimmt mit dieser Frau nicht."*

Der Freud kannte Lydia. Auch er hatte sich früher schon einmal um sie bemüht, jedoch ohne bei ihr landen zu können. *"Warum verlässt du diese Frau nicht einfach, wenn sie dir nicht gut tut?"*, fragte er unseren Liebhaber.

"Daran habe ich auch schon gedacht. Aber es gelingt mir nicht, von ihr loszukommen", antwortete der Liebhaber. *"Ich liebe sie, und ich habe das Gefühl, dass ich um dieser Liebe willen den Konflikt aushalten soll. Es ist wie mit dem Leben. Du wirst geboren, und dann musst du es aushalten. So schnell kommst du vom Leben nicht mehr los. So ergeht es mir mit Lydia."*

Der Freund sah unseren Liebhaber besorgt an. Wo sollte das hinführen?

"Und das Verrückteste ist", sprach der Liebhaber weiter, *"dass ich vor Lydia manchmal eine unerklärliche Angst habe. Panische Angst. Du musst dir das vorstellen: Da kommt die schönste Frau der Welt zu mir, und ich bekomme panische Angst vor ihr. Als würde ich gleich vernichtet werden. Ich verstehe nicht, warum das so ist."*

In den nächsten Wochen sahen sich die beiden Freunde häufiger. Der Freund beobachtete, wie unser Liebhaber immer mehr an Gewicht verlor, wie er immer dünner und schwächer wurde und wie seine Augen einen ruhelosen und schon fast fanatischen Ausdruck annahmen. "*Willst du diese Frau nicht doch verlassen?*", fragte der Freund mit größter Sorge. "*Ich kann es nicht*", war die beständige Antwort des Liebhabers darauf.

Einige Monate später jedoch, als der Freund den Liebhaber wieder einmal zufällig traf, sah dieser wesentlich besser aus. Er war voller Kraft, hatte klare Augen und strahlte eine große Ruhe und Zuversicht aus.

"*Was ist denn mit dir geschehen?*", fragte der Freund verwundert, "*hast du diese unheilvolle Frau endlich verlassen?*"

„*Nein*", antwortete der Liebhaber, "*ich bin mit ihr immer noch zusammen. Es ist einfach wundervoll, diese Frau zu lieben.*"

"*Aber was ist geschehen*", fragte der Freund weiter, "*hast du sie umerzogen, hast du ihr die Widerborstigkeit abgewöhnt?*"

"*Das erwies sich als unmöglich, du kannst Lydia nicht verändern. Eher trägst du den Vesuv ab*", sagte der Liebhaber.

"*Aber du siehst sehr gut aus, wie hast du das Problem gelöst?*", fragte der Freund ungeduldig.

Der Liebhaber schwieg eine Weile und hatte dabei nachdenkliche und zugleich fröhliche Augen. "*Ich habe begriffen, was mit Lydia in Wahrheit los ist*", antwortete er dann. "*Sie tut immer genau das Gegenteil von dem, was ich will. Das hat mit ihren eigenen Bedürfnissen gar nichts zu tun. Das ist lediglich ein Tick.*"

"*Ja, und*", fragte der Freund, "*was bedeutet das? Was hast du denn nun gemacht?*"

Wieder traf ihn der zugleich versonnene und fröhliche Blick des Liebhabers. "*Eigentlich habe ich sie überlistet*", sagte er. "*Ich habe einfach meine Motive aufgegeben. Ich will nichts mehr von ihr. Ich lasse einfach alles so kommen, wie es kommt. Wenn wir uns sehen, nehme ich mir nichts mehr vor. Ich will weder mich noch sie zu irgendetwas drängen. Damit nehme ich ihr die Chance, das Gegenteil zu wollen. Somit ist dieses Spiel eben beendet. Dann ist alles ganz einfach. Verstehst du mich?".*

Der Freund hörte dem Liebhaber mit weit geöffneten, ungläubigen Augen zu, ohne etwas zu sagen.

"Weißt du, was dann mit mir geschieht?", fragte der Liebhaber. Der Freund schüttelte wie mechanisch den Kopf.

"Mir begegnet auf einmal eine wundervolle Frau", fuhr der Liebhaber fort. *"So schön wie sie aussieht, so ist sie wirklich. Sie überströmt mich mit Wärme, Geborgenheit, Zuwendung und einer unbändigen Lust. Es ist unglaublich. Du musst nur bereit sein, alles anzunehmen, wie es kommt."*

Der Freund glaubte, der Liebhaber wolle sich über ihn lustig machen. Etwas so Absurdes und Lächerliches hatte er noch nie gehört. Dass jemand so mit einer Frau umgeht, und einfach tatenlos zulässt, was sie tut und was dabei mit ihm geschieht.

"Aber wenn du alle Motive loslässt, dann sind dir doch die Hände gebunden, dann kannst du ja gar nichts mehr tun. Dann bist du ja ein Gelähmter!", sagte der Freund beinahe mit Ablehnung in der Stimme.

"Das ist vielleicht das größte Wunder, das ich erfahren habe", antwortete daraufhin der Liebhaber mit ruhiger Stimme, *"dass man handeln kann ohne Motiv. Dafür musste ich lernen, meine Motive zu beobachten, bevor sie mich überhaupt zum Handeln zwingen können. Wenn ich einfach nur handele, ist alles sofort verloren. Dann brechen die ganzen Missverständnisse zwischen Lydia und mir wieder auf. Nicht zu handeln schien mir am Anfang fast unmöglich - eine unerhörte Anstrengung. Ich musste lernen, meine Gefühle zu akzeptieren, ohne auf sie zu reagieren, ohne mich durch sie zum Handeln verleiten zu lassen"*, berichtete der Liebhaber. *"Das fühlt sich zuerst an wie die Hölle, aber der Lohn ist das Paradies. Und dann kannst du alles*

tun, auch wenn deine Beweggründe entmachtet sind. Dir sind überhaupt nicht die Hände gebunden, im Gegenteil. Ich handele ohne Motiv und mir begegnet eine wundervolle Frau. Mir begegnet das komplette Leben."

Der Liebhaber hatte eine sehr tiefe Wahrheit erkannt. Weil er seiner Liebe treu geblieben war, stieß er auf einen grundlegenden Zusammenhang unserer Existenz.

Die ganze materielle Welt ist wie Lydia. Dein ganzes Leben hat denselben Tick wie Lydia: Es führt dir immer das Gegenteil von dem zu, was du dir wünschst. Wenn du Nähe zu anderen Menschen suchst, dann wirst du dem Alleinsein nicht ausweichen können. Ja, du könntest Nähe überhaupt nicht erfahren, wenn du vorher das Alleinsein nicht kennen gelernt hättest. Wenn du machtvoll sein willst, dann wirst du der Ohnmacht nicht ausweichen können. Du könntest Macht nicht einmal erfahren, wenn du vorher nicht die Ohnmacht erfahren hättest. Das Leben begegnet dir immer im polaren Doppelpack. Das begann bereits mit deinem ersten Atemzug. Du atmetest ein, zum ersten Mal füllten sich deine Lungen. Nun warst du auf der Welt, nun warst du endlich da. Und von diesem Moment an musst du immerzu ein- und ausatmen. Nur ein- oder nur auszuatmen funktioniert nicht. Immerzu pulsiert das Leben zwischen den Gegensätzen. Überall sind Gegensätze, wohin du auch blickst. Der Pol, den du fürchtest, ist die Voraussetzung dafür, den Pol erfahren zu können, den du liebst. Wie sehr du auch die Nacht fürchtest, sie ist die Voraussetzung, um dem Zauber eines Sonnenaufgangs begegnen zu können.

Zusätzlich hat das Leben einen Mechanismus geschaffen, der unsere Existenz vollkommen verbindlich macht. Einen Mechanismus, der dich daran hindert, nach deiner Geburt deinem Dasein doch noch irgendwie ausweichen zu können. Alles, was dir außen begegnet, dringt nicht nur bis zu dir vor, es dringt bis *in dich hinein*. Du kannst nichts in der Welt von dir fern halten. Die Ereignisse akzeptieren die Grenzen deines Körpers nicht, sondern sie gehen dir buchstäblich unter die Haut. Denn alles, was dir außen begegnet, löst in dir Gefühle aus. Die Welt spiegelt sich *in* dir wieder, in Form von Gefühlen und Emotionen.

Das ist vergleichbar mit dem Mond und den Gezeiten. Der Mond kreist selbstvergessen um die Erde. Ihm sind die Meere auf der Erde egal, aber die Meere ihrerseits können den Mond nicht ignorieren. Sie sind gezwungen, auf ihn zu reagieren. Sie antworten der Bewegung des Mondes mit einem eigenen Auf und Ab. So beantwortest auch du alles, was dir in der Welt geschieht, mit einer inneren Reaktion, mit einem inneren Auf und Ab. Die Gegensätze, auf die du in der Welt stößt, lösen innere Gegensätze in deinem Seelenleben aus. Die Gegensätze außen lösen gegensätzliche Gefühle in dir aus. Nun hängt für dich alles davon ab, wie du mit deinen gegensätzlichen Gefühlen umgehst!

Wenn du deine Gefühle zulassen kannst, so wie sie kommen und gehen, dann kannst du auch das Leben so zulassen, wie es kommt und geht. Wenn du deine Gefühle dagegen nicht akzeptieren kannst, wie sie sind, dann bist du in einen ständigen Kampf verwickelt. Dann tust du fortwährend Dinge, um bestimmte Gefühle zu verhindern oder um bestimmte Gefühle zu erlangen - denn fühlen musst du ja, daran kommst du nicht vorbei. Deinen Gefühlen kannst du nicht ausweichen, wegen ihnen bist du geboren worden. Deine Gefühle sind der Schnittpunkt zwischen deiner Seele und der Welt - und dein Körper ist der Ort, an dem die Gefühle stattfinden. Aus diesem Grund erschuf sich deine Seele überhaupt deinen Körper. Anders hätte sie Gefühle nicht erleben können, anders hätte sie die Welt nicht erleben können. Aber damit brachte dich deine Seele zugleich in eine Zwangssituation. Sie nötigt dir nämlich auf, in jeder Sekunde deines Daseins eine Entscheidung zu treffen: Lässt du in dein Bewusstsein vordringen, was die Welt in dir auslöst, oder lässt du das nicht zu?

Wenn du es nicht zulässt, dann zerfällt dein ganzes Dasein in zwei Teile: In das, was du ablehnst, und in das, was du anstrebst. Dann zerfällt dein ganzes Dasein in Ängste und in Wünsche. Denn die Gefühle, die du ablehnst, erlebst du in deinem Bewusstsein als Ängste[1]. Die Gefühle, die du anstrebst, erscheinen in deinem Bewusstsein als Wünsche - als materielle Wünsche, als Sehnsüchte, als spirituelle Ziele ... Deine Wünsche haben vielerlei Formen.

Deine Wünsche und Ängste sind demnach lediglich unterschiedliche Reaktionen auf deine Gefühle. Das zu verstehen ist sehr wichtig. Dies bietet dir eine großartige Chance, deine eigene Psyche zu durchschauen - und es bietet dir zugleich eine Möglichkeit zu verstehen, was Meditation ist.

Immer, wenn in dir ein Wunsch oder eine Angst auftaucht, dann kannst du dich Folgendes fragen: Wenn der Wunsch sich sofort erfüllen oder wenn das, wovor du Angst hast, sofort eintreten würde, was würde dann geschehen? Wenn dein Wunsch jetzt sofort erfüllt würde, was würdest du dann *Schönes* erleben. Wenn sich deine Befürchtung bewahrheiten würde, was würdest du dann *Schlimmes* erleben? Wenn du diese Fragen konsequent stellst, wirst du am Ende immer ein Gefühl finden. Die letzte Antwort auf diese Frage ist immer ein Gefühl.

Angenommen, du wolltest gerne ein Haus bauen, in das du mit deiner Familie einziehen kannst. Nun frage dich: "*Wenn ich dieses Haus jetzt sofort hätte, was würde sich dann für mich ändern?*" Deine Antwort darauf könnte lauten: "*Mit dem Haus wäre ich die vielen Streitereien mit meinem Vermieter los. Dann wäre ich mein eigener Herr.*" Aber frage immer weiter: "*Wenn du nun dein eigener Herr im Haus bist und keinen Ärger mehr mit deinem Vermieter hast, was hast du dann gewonnen?*" Deine Antwort wäre: "*Dann hätte ich endlich Ruhe und würde mich völlig frei fühlen.*" Hinter dem Wunsch

[1] *Den Zusammenhang zwischen Gefühlen und Angst habe ich ausführlich dargestellt in meinem Buch "Im Auge des Orkans" Teil I, im Kapitel "Das erste Geheimnis der Freiheit".*

nach einem Haus verbirgt sich in diesem Fall also die Sehnsucht nach Ruhe und Freiheit.

Jemand anderes hätte möglicherweise ein ganz anderes Motiv, ein Haus zu bauen. Er würde es vielleicht so begründen: "*Alle meine Arbeitskollegen, die eine ähnliche Position wie ich in der Firma einnehmen, bewohnen eigene Häuser. Das will ich auch.*" Auf die fortführende Frage: "*Was hättest du erreicht, wenn du ebenso wie die anderen ein eigenes Haus bewohntest?*", würde er antworten: "*Ich hätte dann denselben Status, ich würde mich wertvoller und gleichrangig mit den anderen fühlen.*" Hinter dem Wunsch nach einem Haus verbirgt sich bei ihm demnach der Wunsch nach einem ausgeprägteren Selbstwertgefühl. Hinter jedem Wunsch findest du immer ein oder mehrere Gefühle. Jeder Wunsch existiert in deinem Bewusstsein nur, um bestimmte Gefühle zu erzeugen.

Mit deinen Ängsten verhält es sich ebenso. Wenn du beispielsweise Angst hast zu erblinden, frage dich: "*Was wäre für dich das Schlimmste, wenn sich die Sehschärfe deiner Augen dramatisch reduzieren würde?*" Deine Antwort darauf wäre: "*Ich würde abhängig werden von der Hilfe anderer.*" Stelle die zweite Frage: "*Was wäre für dich das Schlimmste, wenn du abhängig sein würdest von anderen?*" Deine Antwort: "*Dann würde ich meine Selbstständigkeit verlieren und würde mich hilflos und ohnmächtig fühlen.*" Hinter der Angst vor Erblindung verbirgt sich also die Angst vor Hilflosigkeit und Ohnmacht.

Der Nächste würde auf diese Frage anders antworten. Er könnte sagen: "*Am meisten befürchte ich, dass ich, würde ich erblinden, das Leben nicht mehr so genießen könnte, wie jetzt. Ich wäre von der Natur, von Kunstwerken und schönen Menschen abgeschnitten.*" Auf die Folgefrage: "*Was wäre daran wiederum das Schlimmste für dich?*", würde er antworten: "*Das Leben wäre für mich dann entwertet. Ich würde mich wertlos und unnütz fühlen.*" Hinter der Angst vor Erblindung läge bei ihm die Angst vor Wertlosigkeit. Hinter Ängsten, ebenso wie hinter Wünschen, verbergen sich also immer Gefühle.

Vor eineinhalb Jahren besuchte mich Katrin, eine Freundin, die sich damals in einer sehr angespannten Lebenssituation befand. Ihr Ehemann, mit dem sie über dreißig Jahre zusammengelebt hatte und mit dem sie sich innerlich noch sehr verbunden fühlte, hatte sie wegen einer anderen verlassen. Als wir uns trafen, lief gerade der gerichtliche Scheidungsprozess. Dies beschäftigte sie sehr und wühlte sie auf. Sie hatte sich mit ihrem Mann geeinigt, dass sie nach der Trennung das gemeinsame Haus behalten würde, das aber mit einer erheblichen Hypothek belastet war. Zugleich stand diese 54jährige Frau vor der Situation, sich nun eine eigene Existenz aufbauen zu müssen, um für sich selbst zu sorgen. Noch niemals in ihrem Leben hatte sie vor solchen Bewährungsproben gestanden.

Viele Menschen werden nach dem Ende der Schulzeit selbstständig. Katrin jedoch wurde direkt von der Schule weg geheiratet, weswegen die Herausforderung für sie jetzt besonders groß war. Katrin wirkte auf mich sehr zerfahren und verunsichert. Sie war voller Ängste und fragte mich, was sie tun könne, um ihre "*Probleme*" zu lösen. Ich sagte ihr: "*Du kommst mit all deinen Gefühlen nicht klar. Das bringt dich durcheinander. Lerne, mit ihnen bewusst umzugehen.*" Zu diesem Zeitpunkt bereitete ich ein Seminar vor, in dem die Teilnehmer ihre ersten Erfahrungen mit Meditation und mit bewusstem Umgang mit Gefühlen machen konnten. Ich lud Katrin zu diesem Seminar ein.

"*Ich werde das Seminar besuchen*", antwortete sie, "*doch erst im nächsten Jahr. Vorher will ich meine Scheidung und vor allem meine Geldangelegenheiten klären. Danach werde ich mich um meine Gefühle kümmern. Bevor meine Finanzen nicht geklärt sind, habe ich keine Ruhe für ein solches Seminar.*"

Dieses Verhalten erlebe ich immer wieder. Die Menschen wollen sich nicht auf ihre Innenwelt einlassen. Lieber agieren und manipulieren sie im Außen, in der Hoffnung, auf diese Weise Ruhe finden zu können. Aber so finden sie keinen Frieden, denn im Außen ist kein Frieden zu finden.

Ich entschloss mich zu einer Provokation und sagte zu ihr: "*Einen solchen Unsinn habe ich schon lange nicht mehr gehört.*" Katrin ist eine sehr impulsive, bisweilen sogar jähzornige Frau. Ich wusste, dieser kleinen Attacke würde sie nicht ausweichen können.

Sie antwortete mir dann auch postwendend mit einer ungeduldigen, leicht aggressiven Stimme: "*Aber Frank, meine Bankangelegenheiten haben doch mit meinen Gefühlen nichts zu tun. Das sind ganz objektive Probleme. Die müssen einfach erledigt werden.*"

Ich ging ihren angriffslustigen Tonfall mit und fragte sie: "*Ja, was würde denn geschehen, wenn du deine Bankangelegenheiten nicht erledigen würdest?*"

Sie wurde zorniger: "*Dann würde meine Bank vielleicht den Kredit kündigen*".

"*Und was wäre daran so schlimm, wenn dir dieser Kredit gekündigt werden würde?*", drang ich weiter in sie.

"*Dann müsste ich mein Haus überhastet verkaufen*", stieß sie hervor.

"*Und was würde geschehen, wenn du dein Haus überhastet verkaufst?*", fragte ich und kopierte dabei ihren immer heftigeren Tonfall.

"*Dann würde ich viele zehntausende Euro Verlust machen!*" Nun war Katrin richtig wütend auf mich.

"*Und was würde geschehen, wenn du diese Verluste machtest?*"

"*Dann würde ich mich beschissen fühlen*", schrie sie. Aber zugleich sah sie mich verdutzt an.

Ich sagte zu ihr: "*Bemerkst du es? Noch vor wenigen Augenblicken hast du mir völlig überzeugt erklären wollen, deine finanziellen Angelegenheiten hätten mit deinen Gefühlen nichts zu tun. Dann stellte ich dir vier konsequente Fragen - und du bist bei einem Gefühl angelangt.*"

Katrin besuchte das Seminar. Dort erkannte sie, dass das Gefühl, das sie schon immer, schon seit ihrer Kindheit, am meisten fürchtete,

Einsamkeit war. Wenn sie angegriffen wurde, wenn sie glaubte, versagt zu haben, wenn sie schwierige Entscheidungen zu treffen hatte, stieg in ihr jedesmal eine erdrückende Einsamkeit auf. Sie sah sich in geführten Meditationen noch einmal jene Kindheitsszenen an, in denen ihre Einsamkeit entstanden und in ihrem Unterbewusstsein verschlossen worden war. Sie erkannte, wie viele energieraubende Dinge sie in ihrem Leben aus dieser unbewussten Angst heraus getan hatte. Aus Angst vor Einsamkeit hatte sie bereits geheiratet. Und diese Angst bedrängte sie noch bei der Scheidung.

Katrin lernte, dieses Gefühl anzunehmen, es nicht mehr zu bekämpfen. Von dieser Zeit an begannen die Stunden, in denen sie alleine war, zu den schönsten und berührendsten ihres Lebens zu gehören. Die Angst vor Einsamkeit war ein Tor, das ihr den Weg zu einer Vielzahl neuer Gefühle, Eindrücke und Chancen eröffnete. Ein Jahr nach dem Seminar wurde sie geschieden. Katrin ist in eine andere Stadt gezogen und hat auch sonst ein völlig neues Leben begonnen. Vor kurzem sagte sie mir: *"Ich hätte vorher nie geglaubt, dass man eine derart schwierige Lebensveränderung mit einer solchen Souveränität, mit solcher Ruhe, ja sogar mit Freude bestehen kann. Hätte ich weiter so rumagiert wie früher, hätte ich in dieser ganzen Zeit nur Stress, Druck, sogar Hass erlebt."* Der nächste Schritt, der Katrin nun bevorsteht, liegt darin, wirklich zum Beobachter ihres Verstandes zu werden, wirklich meditativ zu werden und somit zu ihrem innersten Kern vorzudringen.

Es geht bei deinen Wünschen und Ängsten niemals um die materiellen Dinge des Lebens. Es geht um das, was *in* dir geschieht, und es geht darum, dass du den Blick endlich dorthin wendest. Es geht darum, dass deine ausschließliche Fixierung auf die Außenwelt endet. Die materielle Welt ist wie eine riesige Schlange, auf die du hypnotisiert starrst. Doch du wirst von dieser Schlange keine Hilfe erhalten, was immer du auch tust.

Sieh nach innen. Wenn du Brot isst, dann geht es auch nicht um das Brot. Es geht um deinen Hunger oder um deinen Appetit. Wenn du ein Glas Wasser trinkst, trinkst du es nicht nur um des Wassers willen, sondern wegen deines Durstes oder deines Genusses am Trinken. Es geht um innere Zustände. Es geht um Hunger oder Durst oder Genuss. Mit all deinen anderen Wünschen verhält es sich ebenso. Du jedoch versuchst beständig, außen eine Lösung zu erzwingen. So wunderst du dich, wie anstrengend, mühselig und sinnlos dir dein Leben erscheint.

Mit dem Betreten der Erde sind wir also in folgender Situation:

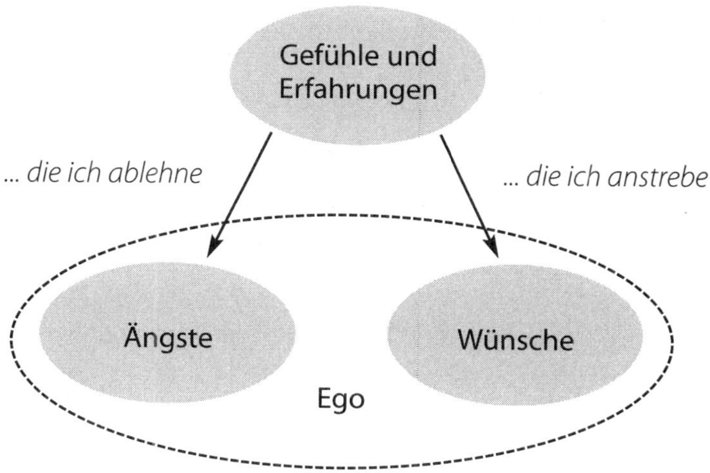

Im Zentrum dessen, was deine Seele sucht, stehen die Gefühle und Erfahrungen, die du mit deinem Körper und deiner Psyche machst, die du im Verlauf deines Lebens sammelst. Diejenigen Gefühle, die du anstrebst, erlebst du in deinem Bewusstsein als Wünsche, während du diejenigen Gefühle, die du ablehnst, als Ängste erlebst. Solange du unbewusst bleibst, bist du vollkommen gefangen in diesem Spiel zwischen deinen Wünschen und Ängsten. Deine

Gedanken kreisen beständig um diese Themen. Dieses Kreisen der Gedanken ist dein Ego. Dein Ego legt seinen ganzen Ehrgeiz in die selbst erschaffene Aufgabe, deine Wünsche und Ängste am Leben zu erhalten und sie zu managen, sie zu steuern und zu kontrollieren.

Wenn du genau hinschaust, dann wirst du erkennen, dass deine Wünsche und Ängste eng miteinander verknüpft sind. Sie sind genau entgegengesetzt ausgerichtet. Lieber Leser, nimm dir doch einmal die Zeit und notiere auf einem Blatt alle Ängste, die du in deinem Leben kennen gelernt hast. Erinnere dich an alle wichtigen Ereignisse deines Lebens, und notiere dir, was du in diesen Situationen gefürchtet hast. Beginne bei deiner Kindheit und gehe weiter bis heute. Wichtig ist, dass diese Liste deiner Ängste möglichst vollständig ist. Dann nimmst dir noch mehr Zeit und notierst auf einem zweiten Blatt ebenfalls alle Wünsche, die du hattest und hast - von der Kindheit an bis heute.

Wenn du gründlich vorgegangen bist, wirst du einen interessanten Zusammenhang feststellen: Deine Wünsche sollen nämlich genau deine Ängste verhindern. Wünsche und Ängste bilden zwei Seiten ein und derselben Medaille, sie sind exakt gegenpolar aneinander geknüpft. Zu jeder Angst findest du einen passenden Wunsch, wie auch zu jedem Wunsch spiegelbildlich die passende Angst existiert. Wenn du dich beispielsweise am meisten vor Ohnmacht fürchtest, dann wünschst du dir womöglich Erfolg, um dich nie ohnmächtig fühlen zu müssen. Wenn du Einsamkeit fürchtest, dann suchst du einen Partner, gerade um Einsamkeit zu verhindern. Wenn du dagegen nichts so sehr fürchtest wie Minderwertigkeit, dann suchst du einen Partner, um Minderwertigkeit zu verhindern.

Alle deine Wünsche sind somit exakt auf deine Ängste bezogen. Das Misslingen deiner Ziele ist für dich deswegen eine so große Gefahr, weil du auf diese Weise genau mit deinen Ängsten konfrontiert wirst.

Deine Ängste und Wünsche wurden gemeinsam geboren. Sie werden auch gemeinsam sterben.

In unserer kleinen Geschichte konfrontierte Lydia ihren Partner genau mit dieser Wahrheit. Sie tat immer das Gegenteil von dem, was er anstrebte. Ihre Handlungen blieben nicht ohne Folgen für ihn. Nicht nur, dass er durch Lydias Widerspenstigkeit mit seinen Wünschen nicht ans Ziel kam, was ja an sich schon ärgerlich genug ist. Doch darüber hinaus löste Lydia mit ihrem Verhalten in ihm etwas aus. Sie konfrontierte ihn durch ihren Tick mit dem Gegenteil seiner Wünsche - mit seinen Ängsten. Wollte er abends mit ihr etwas unternehmen, weil er Angst hatte vor der Nähe, die entstehen könnte, wenn sie beide nur still wären, dann lud er sie beispielsweise ins Theater ein. Das wollte Lydia nun ihrerseits nicht, denn genau darin lag ja ihr Tick. Jetzt wollte sie mit ihm still sein. So wurde er gezwungen, seine Angst auszuhalten. Deswegen löste die bloße Anwesenheit Lydias in ihm bisweilen Furcht aus. Der Liebhaber erzählte seinem Freund, dass er manchmal, wenn Lydia lediglich auf ihn zukam, schon mit Panik reagierte. Sie wurde mit ihrem Verhaltensmuster für ihn zum reinsten Pulverfass. Er benötigte sehr viel Mut und sehr viel Liebe, um das alles aushalten und nach einer echten Lösung suchen zu können.

Irgendwie gelang es dem Liebhaber, eine Lösung zu finden. Er hat die einzige Lösung gefunden, die es überhaupt gibt: akzeptieren, was geschieht. Diese Lösung transformiert das ganze Leben. Denn sie setzt voraus, dass du akzeptierst, was das Leben in dir auslöst. Für Lydias Partner bedeutete dies, dass er, um ihr ohne Motive und ohne Druck begegnen zu können, innerlich zum freien Wanderer zwischen seinen Gefühlen werden musste. Er war gezwungen, alle Gefühle zuzulassen, die in ihm aufkamen; andernfalls hätte er nicht gleichmütig bleiben können. Wäre er nicht zum Beobachter seiner Gedanken und Empfindungen geworden, dann hätte er außen weiter Druck ausüben müssen. Doch da er in seinem Inneren zu akzeptieren gelernt hatte, konnte er nun zulassen, was außen geschah. Sein Lohn war, dass er auf diese Weise der wahren Lydia begegnete.

So wird auch dir das vollständige Leben begegnen, wenn du innen zulässt. Werde zum Wanderer zwischen deinen Gefühlen. Deine Gefühle begegnen dir wie wechselnde Landschaften. Ein Wanderer zu sein heißt, diese Landschaften anzuschauen, sich auf sie einzulassen, ohne sie abzulehnen und ohne an ihnen festzuhalten.

Dieser Zustand: Zulassen und akzeptieren - das ist Meditation. Zulassen und akzeptieren heißt, dass du nicht ablehnst oder festhältst. Alle so genannten Meditationstechniken sind lediglich Hinweise darauf, wie du diesen Zustand in dir erblühen lassen kannst.

Alles hier Gesagte über die Gefühle hat eine sehr wichtige praktische Konsequenz für deine Meditationen: Solange es Gefühle gibt, die du ablehnst, wirst du nicht meditieren können. Denn was du ablehnst, willst du nicht sehen, du willst es nicht zulassen. - Aber meditieren bedeutet zulassen, bedeutet sehen. Meditieren heißt, dass du still wirst, dass du keinerlei Handlungen folgst, die dich davon ablenken, was wirklich in dir geschieht.

So hast du dich bisher um einen Partner bemüht. In der Meditation wirst du nun entdecken, dass es deine Furcht vor Einsamkeit oder dein Bedürfnis gebraucht zu werden waren, die dich dazu angetrieben haben. Deine Bemühungen um Partner waren bisher lediglich Versuche, deine Einsamkeit und deine innere Leere zu umgehen. Genau aus diesem Grund haben alle deine Begegnungen mit anderen Menschen nicht wirklich funktioniert.

Bisher hast du vielleicht beruflich um Erfolg gekämpft, hast dich mit Statussymbolen umgeben. In der Meditation wirst du nun entdecken, dass das Ringen um Erfolg aus der Bemühung heraus geschieht, endlich einmal Anerkennung zu finden. Du wirst merken, dass deine Wunde, nicht beachtet zu sein, schon aus deiner Kindheit herrührt. So waren deine Erfolge lediglich Ablenkungsmanöver, um die uralten Schmerzen aus der Kindheit nicht sehen zu müssen. Deswegen warst du trotz aller Erfolge nie wirklich entspannt. Nach jedem Erfolg hast du bereits Ausschau nach der nächsten Gelegenheit gehalten, etwas beweisen zu können. Dein Leben gleicht damit einem Rennen im Laufrad.

Handlungsmuster, die dich von deiner inneren Wahrheit bisher abgelenkt haben, werden dir bewusst werden, wenn du meditierst. Das erste, was dir entgegentritt, was die ganze Zeit darauf gewartet hatte, sich dir zeigen zu dürfen, sind die Gefühle, die du bisher ignoriert hast. Deine Einsamkeit, deine Verletzlichkeit, deine Traurigkeit - sie wollen von dir gesehen werden. Jetzt, wo du still wirst, wo endlich dein beständiges Kämpfen, dein beständiges Aktiv-Sein für einige Minuten aussetzt, wollen sie sich dir zeigen.

Du fürchtest genau die Gefühle, die du als Kind deinen Eltern nicht zeigen durftest, die damals in deinem Unterbewusstsein verschwanden. Dich bedrohen die Gefühle, mit denen du deine Eltern bedrohtest. Wenn deine Eltern dir deine Traurigkeit nicht lassen konnten, dann bedroht dich heute noch diese Traurigkeit. Wenn deine Eltern dich alleine ließen und dir nicht erlaubten, ihnen dein Einsamkeitsgefühl mitzuteilen, dann bedroht dich noch heute deine Einsamkeit. Wenn deine Eltern die natürliche Macht, die du als Kind besessen hast, gebrochen haben, dann willst du dich bis heute um keinen Preis als wertlos erleben. Alles würdest du tun, um nicht das Gefühl von Minderwertigkeit ertragen zu müssen. Nahezu alle Handlungen in deinem bisherigen Leben hast du lediglich aus dem einen Grund getan: Du wolltest die Gefühle aus der Kindheit nicht sehen.

Solange du deine Gefühle nicht kennst, bleibst du in die Bemühung verstrickt, dein Inneres zu bändigen, es im Griff behalten zu wollen. Dies ist das Gegenteil von Meditation. Der innere Kampf, mit dem ungeliebte und unbewusste Inhalte zurückgehalten werden, äußert sich genau in den Widerständen, die viele Menschen in der Meditation erfahren. Denn was geschieht? Du hast dich bequem hingesetzt oder hingelegt. Du wirst still, deine Sinne sind von der Außenwelt abgezogen. Du gehst nach innen, und die Dinge, die in dir brodeln, wollen aufsteigen. Sie wollen raus, sie wollen ans Tageslicht. So gerätst du in eine Entscheidungssituation: Willst du annehmen, was kommt, oder willst du es nicht annehmen? Wenn du es nicht annehmen möchtest, dann bist du gezwungen auszuweichen. Dann musst du irgendetwas tun, um nicht bei dir bleiben zu müssen. Damit entstehen die typischen Hindernisse in der Meditation: Du wirst unruhig und verkrampfst innerlich, oder du springst auf und willst die Meditation verlassen. Du schweifst in Gedanken ab, wirst müde oder schläfst ein.

Nimm einmal an, du willst meditieren und hast gerade finanzielle Probleme. Du beobachtest während der Meditation, wie deine Gedanken fortwährend um diese Sorge kreisen. Auf einmal will sich dir deine Hilflosigkeit zeigen, die du aufgrund der Geldsorgen erfährst. Aber Hilflosigkeit konntest du ja noch nie zulassen. Schon deine Eltern hatten dir beigebracht, dass du stark zu sein hast. Seitdem lehnst du Hilflosigkeit so massiv ab, sie ist dir damit so fern, dass du nicht einmal bemerkst, dass es in der Meditation um Hilflosigkeit geht. Anstelle deiner Hilflosigkeit bemerkst du daher bloß eines: Du wirst plötzlich müde. Du wolltest meditieren, aber du schläfst ein. Der Schlaf war somit ein subtiles Mittel, um deiner Hilflosigkeit auszuweichen.

Es gibt eine goldene Regel: Eineinhalb bis drei Minuten, bevor ein ungeliebtes Gefühl aufsteigt, beginnst du in der Meditation auszuweichen. Minuten, bevor dir das Gefühl bewusst werden kann, wirst du müde. Es ist noch nichts zu merken, aber verdeckt kündigt sich bereits etwas an. Jetzt schon entscheidest du dich, nicht hinzusehen. Du schläfst ein - oder du schweifst ab in Gedanken. Oder du beendest vorzeitig die Meditation, mit dem Gefühl, dass es heute nicht so richtig funktioniert.

Deswegen ist es so wichtig, auf deine Gefühle zu achten. Solange du nicht gelernt hast, deine Gefühle bewusst wahrzunehmen, wirst du nicht wirklich meditieren können. Die meisten Menschen haben nur zwei oder drei dominante Empfindungen, die sie um jeden Preis meiden wollen. Wenn du deine erkennst und dich mit ihnen ausgesöhnt hast, steht dir der Weg offen. Mit den Menschen, die zu mir kommen, um meditativ zu werden, gehe ich zuerst diesen Schritt. Sie lernen am Anfang in einigen systematischen Sitzungen die wichtigsten Gefühle ihres heutigen Lebens kennen, und sie söhnen sich mit ihnen aus. Erst danach, im zweiten Schritt, beginnt die eigentliche Meditation.

Wenn es nichts mehr in dir gibt, was du ablehnst, dann ist geistige Präsenz für dich kein Problem mehr. Unbewusstheit resultiert aus der Entscheidung, nicht wahrnehmen zu wollen. Wenn du dich aber einmal entschieden hast, auf dich selbst zuzugehen, dann wirst du entdecken, dass Meditation, dass wirkliche geistige Präsenz dich zwingt, dich anzunehmen - mit *allem*. Die Meditation ist ein Weg zur Liebe.

Deine Gedanken beobachten

Führe die Übung *KÖRPERBEOBACHTUNG* über einen gewissen Zeitraum durch. Ein oder zwei Monate – ein oder zweimal am Tag. Wichtig ist, dass du damit Erfahrungen machst. Entscheidend ist, dass du erlebst, wie sich dein Körper entspannt, indem du ihn lediglich beobachtest, ohne ihn gezielt entspannen zu wollen. Dass du erlebst, wie du eine sehr schöne und tiefe Meditation, die du einen Tag zuvor erfahren hast, jetzt wiederholen möchtest – und wie sie dir genau deswegen misslingt. Am Tag zuvor warst du besonders tief entspannt, besonders nah bei dir und bist voller Kraft aus der Meditation zurückgekehrt in den Alltag. Jetzt möchtest du, dass es wieder so schön wird wie gestern. Doch genau damit setzt du dich unter Druck und verkrampfst.

Meditieren heißt, offen zu sein für das, was gerade kommen will und keine Vorbedingungen zu stellen. Immer wenn du in Meditation gehst mit irgendeiner Erwartung, dann misslingt sie. Mache diese Erfahrung. Erlebe, wie sich dein Körper an verspannten Tagen anfühlt, an denen dir Streit oder Misserfolge widerfuhren. Erlebe danach, was geschieht, wenn du immer länger ununterbrochen der Beobachter deines Körpers sein kannst. – Das wird dir erst eine halbe Minute gelingen, später eine oder zwei, dann sogar fünf oder zehn Minuten.

Nun kannst du den zweiten Schritt gehen. Führe diese Übung durch:

Übung *GEDANKENBEOBACHTUNG:*

Der Beginn dieser Meditation gleicht exakt dem der Übung *KÖRPERBEOBACHTUNG:* Beobachte deinen Körper mit den Füßen beginnend, ohne ihn zu verändern, ohne ihn zu beeinflussen. Du beobachtest ihn, so wie er jetzt ist. Füße, Beine; Bauch, Brustkorb; Rücken; Hals und Mundbereich; Augen, Nase und Ohren. Achte auf deine Gesichtsmuskeln; Arme, Hände und Finger - bis in die Fingerspitzen. Achte nun auf einige Atemzüge. Anschließend beobachtest du einige Minuten lang deinen ganzen Körper.
Jetzt kommt der neue Schritt: Beobachte nun gleichzeitig deine **Gedanken**! Du beobachtest deinen Körper und deine Gedanken.
Was ist damit gemeint?
Als erstes nimmst du deine **Grundstimmung** wahr. Es kann sein, dass du gerade interessante Projekte verwirklichst und in einer energischen oder ungeduldigen Verfassung bist. Es kann sein, dass du gerade finanzielle Probleme hast und dadurch in einer ängstlichen Stimmung bist. Vielleicht bist du auch verliebt und dein Herz schlägt laut. Dann bist du voller Freude. Was es auch sei - mache dir dein gegenwärtiges Lebensgefühl bewusst.

Nun gehst du dazu über, alle Gedanken zu beobachten, die in dir aufkommen.
Ideen,
Melodien,
Farben, die vor deinem inneren Auge erscheinen,
Gespräche, die du innerlich plötzlich führst - kurz gesagt alles, was in deinem mentalen Apparat auftaucht.

Wenn du dich, ähnlich wie in der Übung *KÖRPERBEOBACHTUNG*, während der Meditation dabei ertappst, dass du in Gedanken oder Tagträumereien abgeschweift bist, dann kehre immer wieder sanft zur Beobachterposition zurück. Spüre zuerst wieder kurz in deinen Körper hinein und kehre im Anschluss zur Beobachtung deiner Gedanken zurück. Verweile auf diese Weise immer wieder kurz mit deiner Wahrnehmung in deinem Körper, bevor du zur Beobachtung deiner Gedanken übergehst.

Es kommt bei dieser Übung nicht darauf an, perfekt zu sein. Es ist nicht wichtig, dass du alle Gedanken beobachtest. Das ist auch gar nicht möglich. Entscheidend ist, dass du die Beobachterposition beibehältst. Es geht um den Beobachter, nicht um das Beobachtete. Damit wird sich Schritt für Schritt der Beobachter manifestieren. Dann tritt er in dein Dasein ein.

Es ist auch völlig irrelevant, ob sich deine Gedanken, während du beobachtest, beruhigen oder nicht. Normalerweise werden Gedanken durch Beobachtung ruhiger - *aber das ist völlig unwichtig.* Es ist unwichtig, was deine Gedanken machen, ob sie sanft dahinfließen, wild tanzen oder ob sie sogar ganz auszusetzen scheinen. Wichtig allein ist, dass du sie beobachtest.

Bei der Übung *GEDANKENBEOBACHTUNG* wirst du wiederum zwei Entdeckungen machen. Die erste ist, dass sich mit dem Beobachten deiner Gedanken die Wahrnehmung deines Körpers vertieft. Indem du zum Beobachter deiner Gedanken wirst, kommst du deinem Körper näher, als es dir mit der reinen Körperbeobachtung gelingen würde. Das ist wirklich bedeutsam: Deine Gedanken trennen dich von der Welt - darauf werden wir später noch genauer eingehen. Diese Trennung fällt von dir ab, indem du die Gedanken beobachtest. Das erfährst du nun bereits mit deinem Körper. Denn dein Körper gehört zu dieser Welt. Er gehört mehr zur Welt als zu dir, obwohl es immer anders scheint. So, wie du der ganzen Welt näher kommst, wenn die Mauer deiner Gedanken fällt, so kommst du nun auch deinem Körper näher.

Die zweite Entdeckung besteht darin, wie subtil der Übergang vom *Beobachten* der Gedanken zum *Verwickeltsein* in Gedanken ist. Diesen Unterschied zu durchschauen, ist außerordentlich wichtig. Du meditierst und dabei beobachtest du eine Gedankenkette. So beobachtest du beispielsweise, wie deine Gedanken um einen Konflikt mit deinen Eltern kreisen. Gerade warst du noch der Beobachter dieser Gedankenkette, aber einen winzigen Augenblick später bist du in diese Gedanken *verwickelt.* Du bist mitten in ihnen drin und hast keinen Abstand mehr zu ihnen. Innerlich attackierst du deine Eltern oder rechtfertigst dich vor ihnen. Der Beobachter ist verlorengegangen. Dann erscheint es so, als würdest du die Gedanken denken.

Als du die Gedanken beobachtetest, warst du dir dagegen des Denkenden bewusst. Denn du konntest ihn ja beobachten. In dem Moment jedoch, wo du in die Gedanken verwickelt warst, wo du keinen Abstand mehr zu ihnen hattest, war der Denkende - also der, den du beobachtet hattest - verschwunden. Genau das ist der Übergang von Bewusstheit zu Unbewusstheit.

Die Existenz des Beobachters

Während du deinen Körper und deine Gedanken beobachtest, gehe einen essenziellen Schritt weiter: Mache dir bewusst, dass es einen Beobachter überhaupt gibt. Es gibt deinen Körper und deine Gedanken - und es gibt etwas, das beide beobachtet.

Es genügt, dir immer wieder bewusst zu machen, dass es den Beobachter gibt.

Bei allen Übungen, über die wir in diesem Buch sprechen, gehe immer diesen zweiten Schritt. Sobald du mit der neuen Übung vertraut bist, mache dir bewusst, dass es den Beobachter gibt. Sobald du also zu beobachten gelernt hast, sobald das stabil ist, mache dir den Beobachter bewusst.

Alles was du tust - deine Handlungen, deine Gedanken - kann zum Gegenstand der Beobachtung werden. Damit ist der Beobachter all dessen absolute Ruhe. Es gibt etwas in dir, das absolute Stille und Vollkommenheit ist. Indem du dir den Beobachter immer wieder bewusst machst, kommst du nach und nach in Kontakt mit dieser Stille. Dann kommt Seligkeit in dir auf. Diese Seligkeit hat keinen Grund, keine Ursache, sondern sie kommt einfach. Sie ist der Urgrund der Existenz.

Wenn du deine Gefühle wahrzunehmen lernst und damit dein Herz entdeckst, vergeht die Angst und es kommt Freude. Wenn du lernst, deine Gedanken zu beobachten, kommt Friede. Wenn du mit dem Beobachter verschmilzt, dann kommt Seligkeit.

Deine Gedanken trennen dich von der Schönheit des Lebens

Immer, wenn du Angst hast, immer, wenn du dich schützen willst, immer, wenn dir das Leben sinnlos erscheint, dann bist du allein, dann steht dir scheinbar eine feindliche Realität gegenüber. Dann fühlst du dich isoliert, überfordert, bedroht. Aber zwischen dir und der Welt, die du mit deiner Geburt betreten hast, besteht immer nur *eine einzige* Barriere. Es gibt nur eine Mauer, die dich von der Wirklichkeit trennt - das sind deine Gedanken, die du dir ständig von der Welt machst. Für unsere westliche Sichtweise ist es schwierig, diesen Zusammenhang zu durchschauen, denn wir sind blind geworden für diese grundlegende Wahrheit. Dies liegt daran, dass wir dem Denken, der Vernunft und der Logik eine so große Bedeutung beimessen.

Hast du schon einmal beobachtet, dass dich die Schönheit der Natur am intensivsten erreicht im ersten Moment der Begegnung? Du bist auf einer Wanderung im Gebirge. Du gehst um einen Felsvorsprung, und plötzlich, vollkommen unerwartet, liegt vor dir ein überwältigendes Tal, malerisch hingestreckt, mit einem Bach und wundervollen alten Bäumen. Im ersten Moment, in dem deine Augen und deine Sinne dieses Bild erfassen, ist der Eindruck am stärksten. Zumeist fällt es uns jedoch schwer, diese Unmittelbarkeit aufrecht zu erhalten, denn sofort schalten sich unsere Gedanken ein. Dein Verstand schleicht sich zwischen dich und die Natur. Vielleicht denkst du: "*Das, was ich hier sehe, muss ich meinem Partner erzählen*". Oder du denkst: "*Hier werde ich meinen Sohn herbringen, damit auch er das sieht*". Oder du beginnst zu fotografieren, um später anderen zeigen zu können, wo du warst. Doch all diese Gedanken zerstören die Intensität, die unmittelbare Wahrheit des Ereignisses. Unser Verstand suggeriert uns, dass wir etwas erst dann richtig erleben, wenn wir es gedanklich einordnen können. Aber genau das Gegenteil ist wahr.

Vor einiger Zeit wurde ich von einem Tauchclub gebeten, die Taucher das Meditieren zu lehren. Diese Idee gefiel mir sehr, denn die unmittelbare Konfrontation mit der Natur, die das Tauchen ja zu einem solchen Abenteuer macht, bietet eine perfekte Möglichkeit zu erfassen, was Meditation ist, was es bedeutet, sich einzulassen. Die Erfahrung, dass Naturerlebnisse intensiver werden, wenn du bewusst bist, ist sehr hilfreich, um meditieren zu lernen.

In der Tauchschule lagen auf einem Tisch kleine Folien aus wasserfestem Material, auf denen die einheimischen Fische abgebildet waren - mit den dazugehörigen umgangssprachlichen und lateinischen Namen. Ich fragte den Tauchlehrer, welche Bedeutung diese Folien hätten. Er antwortete mir: "*Manchmal nehmen wir sie für die Anfänger mit auf die Tauchgänge, um die Fische zu identifizieren, denen wir begegnen.*"

So schaltet sich der Verstand ein. Dein Ego redet dir ein, dass es wichtig sei, den Namen des Fisches zu wissen. Dabei ist das völlig unwichtig. Wenn du nicht gerade ein Biologe oder ein anderer Wissenschaftler bist, dann ist es völlig unbedeutend, welche Bezeichnung die Fische haben. Erkenne das! Einzig dein Verstand erzeugt die Illusion, dass dies irgendeine Relevanz hätte. Du tauchst, du genießt die sanften Wellenbewegungen des Meeres. Unter dir breitet sich ein buntes, von prallem Leben pulsierendes Riff aus. Plötzlich begegnest du einem farbenprächtigen, bizarren, schönen und vielleicht sogar seltenen Fisch. Er schwebt vor dir über dem Riff. Ihr schaut euch gegenseitig an. Du wirst ganz ruhig, du bist verzaubert von der Begegnung. Dein ganzer Körper, dein ganzes Wesen ist von dem Zauber erfasst ...

In diesem Moment holst du die Folie heraus, um nachzuschauen, wie der Fisch heißt. – Das ist absurd. Welche Bedeutung hat die Bezeichnung, die irgendjemand dem Fisch gegeben hat? Sie ist völlig belanglos. Nur dein Ego ist ein bisschen aufgekratzt, wenn es sich mit diesem Namen brüsten kann. Anstatt ganz ruhig zu bleiben und diese wundervolle Begegnung auf dich wirken zu lassen, statt mit dem Fisch zu verschmelzen, suchst du nach seinem Namen. Damit zerstörst du die Magie des Momentes. Du trennst dich von dem Ereignis. Bleibe stattdessen in der Situation. Lasse sie in dich eindringen, spüre, wie du verbunden bist mit dem Fisch. Spüre, welch lebendige Augen er hat. Lasse dich ganz auf ihn und auf die Schönheit, die euch umgibt, ein. Gib dich hin. Diese Begegnung bietet dir eine großartige Gelegenheit, Hingabe zu erleben.

Versuche nicht einmal daran zu denken, welchen Namen der Fisch haben könnte. Denn solange du über den Namen des Fisches nachdenkst, lebst du nur im Außen, nicht aus dir selbst. Du orientierst dich an Dingen, die dir von außen gesagt wurden. Solange du nicht bei dir bist, bedeutet dies, dass dein gesamtes Verhalten von den Wünschen und Ansichten anderer Menschen beherrscht wird. Indem du jedoch lernst, deine Gedanken zu durchschauen, hört diese Fixierung auf.

Auch in der Begegnung mit Kunst kannst du beobachten, wie dich deine Gedanken vom Schönen trennen. Kurze Zeit nach diesem Erlebnis in der Tauchschule besuchte ich Paris. Dort ging ich in den

Louvre, um mir die *Mona Lisa* von Leonardo da Vinci anzusehen. Das Gemälde hat mich sehr berührt. Dabei ist dieses Bild auf den ersten Blick eher unauffällig. So ist es nicht besonders groß im Vergleich zu den vielen anderen riesigen Gemälden, die man im Louvre sehen kann, und auch farblich ist es eher unscheinbar. Dargestellt ist eine Frau, die ebenfalls nicht von auffälliger Schönheit ist. Worin liegt nun das Besondere der *Mona Lisa?* Aus meiner Sicht gibt es nur sehr wenige Kunstwerke der Neuzeit, die eine solche Tiefe erreichen wie dieses Bild. Michelangelo, ein Zeitgenosse da Vincis, erreichte diese Tiefe ebenfalls. Nach der Renaissance gibt es für mich vierhundert Jahre lang jedoch kaum etwas Vergleichbares. Erst wieder Picasso erklimmt diesen Gipfel. Doch worin liegt tatsächlich das Besondere der *Mona Lisa*?

Du gehst durch den Louvre, siehst all diese Kunstwerke, all diese Gemälde und Plastiken. Warum hängen und stehen gerade sie dort? Was hebt sie von den vielen anderen ab? Wenn du dir diese Meisterwerke genau anschaust, dann wirst du feststellen, dass sie alle eine Gemeinsamkeit haben: Sie alle zeigen *emotionale Wahrheiten* von Menschen. Menschen berühren dich immer nur über ihre Gefühle. So berühren dich auch die auf den Bildern Dargestellten mit ihren Gefühlen: Leid, Freude, Trauer, Sehnsucht, Nachdenklichkeit, Verschmitztheit, Macht, Lust, Koketterie. Die Erfahrungen eines Menschen kann ein Künstler nur zeigen, indem er dessen Gefühle zeigt. Ein Maler, der das vermag, ist ein großer Künstler.

Aber mit der *Mona Lisa* geht da Vinci noch darüber hinaus. Er zeigt nicht allein Gefühle. Dann wäre dieses Bild lediglich eines unter vielen Meisterwerken. Da Vinci gibt vielmehr den Blick auf die Seele frei. Wenn du in die Augen der *Mona Lisa* schaust und eine Weile darin verweilst, blickt dich plötzlich etwas anderes an. Eine tiefere Wahrheit, die hinter dieser Frau, hinter dem sichtbaren Ge*sicht* verborgen ist. Mache dieses Experiment: Nimm eine Reproduktion der *Mona Lisa* und schau ihr in die Augen. Sieh durch die Augen hindurch in die Ferne. Erfasse nicht die scharfen Umrisse ihres Gesichtes, sondern blicke durch sie hindurch. Dabei wird das Bild leicht verschwimmen. Plötzlich, spätestens nach einigen Minuten, wird dir etwas aus diesem Gesicht entgegentreten, das nicht unmittelbar darin zu sehen ist, das äußerlich nicht in dem Bild enthalten ist. Dies geht weit über Güte, Wissen und Schönheit hinaus.

Da Vinci erfasste eine Welt, die hinter den Gedanken liegt. In der *Mona Lisa* blickt dich ein Gesicht an, das die eigenen Motive transzendiert hat.

Um Menschen in ihrer emotionalen Wahrheit darstellen zu können, bedarf es großer handwerklicher Meisterschaft, Beobachtungsgabe und Mitgefühl. Aber es genügt, das Äußere zu zeigen. Die psychische Verfassung eines Menschen fängt der Maler auf einem Bild ein, indem er dessen Oberfläche - die Körpersprache und den Gesichtsausdruck - festhält. Aber um die Seele, um die spirituelle Wahrheit zu erfassen, genügt die Oberfläche des Menschen nicht mehr.

Um die Heiligkeit eines Menschen auszudrücken, haben die Meister des Mittelalters einfach um seinen Kopf einen Heiligenschein gemalt. Sie fanden kein anderes Mittel, um etwas an sich Unsichtbares sichtbar zu machen. Da Vinci benötigt keinen Heiligenschein mehr. Dies ist für mich die eigentliche Leistung, die sich in der *Mona Lisa* ausdrückt.

Berühmt ist die *Mona Lisa* für ihr *"geheimnisvolles Lächeln"*. Wenn du jedoch genau hinschaust, wenn du ihren Mund wirklich fixierst, ist da nur ein sehr zurückhaltendes Lächeln - es ist kaum vorhanden. Dennoch ist sie gerade für ihr Lächeln berühmt geworden. Warum? Wenn du durch ihr Gesicht hindurch schaust, wenn du ihrer Beseeltheit begegnest, dann fängt ihr ganzes Gesicht tatsächlich an zu strahlen. Und dieses Lächeln, das du dann siehst, ist wirklich geheimnisvoll.

Die Seele ist für unseren Verstand unergründlich - und zugleich von unendlicher Anziehungskraft. Da Vinci malte in seinem Meisterwerk eine Vision von Erleuchtung. Er zeigt in der *Mona Lisa* einen Gesichtsausdruck, der über Freude und Leid steht. Dieses Gesicht ist voller Wissen und von einer Heiterkeit, die keiner irdischen Quellen mehr bedarf. Das ist die Heiterkeit, die Jesus umgab, die Buddha umgab, die Osho umgab. Das ist es, was du suchst, wenn du zu meditieren beginnst.

Die Gedankenleere, die Fähigkeit, jede Fixierung auf das Denken aufzugeben, hat Leobardo da Vinci in diesem Bild festgehalten. Die Frage ist, ob auch du diesem Bild mit derselben geistigen Haltung begegnen kannst.

Als ich im Louvre war, spielten sich dort groteske Szenen ab. Fast hatte man den Eindruck, vor der *Mona Lisa* hätte sich ein Haufen Verrückter versammelt. Die Menschen gingen in einem dichten Strom langsam an dem Bild vorbei. Doch nicht, dass sie dabei in Stille zu dem Bild Kontakt aufnahmen. Sie riefen, sie schrieen sich stattdessen gegenseitig Dinge zu. Vor allem aber waren sie beschäftigt mit ihren Fotoapparaten, denen ihre ganze Aufmerksamkeit galt. Man hatte sogar das Gefühl, sie seien zur *Mona Lisa* gekommen *wegen* ihrer Fotoapparate. Aber sie wollten nicht etwa die *Mona Lisa* fotografieren. Sie fotografierten stattdessen sich gegenseitig vor der Mona Lisa.

Erst wurde die Ehefrau fotografiert. Dafür versuchte sie sich möglichst weit vorne zu postieren, damit im Hintergrund auf dem Foto die *Mona Lisa* erkennbar sein würde. Dann wurde der Fotoapparat getauscht, und nun quetschte sich der Mann durch die Menge in den Vordergrund, um ebenso fotografiert zu werden. Dabei riefen sie sich gegenseitig unentwegt Anweisungen zu. Es war ein einziges Schubsen,

Drängeln, Schreien, ohne einen Moment der Besinnung. Am auffälligsten verhielten sich die Asiaten. Sie hatten den weitesten Weg zurücklegen müssen, um zur *Mona Lisa* zu gelangen. Sie sind dafür um die halbe Welt gereist - und sie schienen ausschließlich von ihren Fotoapparaten fasziniert.

Dieses Treiben habe ich eine Stunde lang beobachtet. In dieser Zeit sah ich nur einen Einzigen, der sich das Bild in Ruhe anschaute, der wirklich Kontakt aufnahm - ein älterer Mann. Er stand minutenlang still da und schaute. Wahrscheinlich blickte er in die Augen der *Mona Lisa*. Zwischen ihm und dem Bild entstand eine Verbindung, die man sehen konnte. Während dieser Mann so versunken dastand, wurde er ständig von den anderen gestoßen und bedrängt. Er behinderte sie. Mit seiner Stille war er ein Störenfried. Meditierende sind immer Störenfriede, obwohl sie gar nichts tun, vielmehr *weil* sie gar nichts tun. Der ältere Mann wurde aufgefordert, zur Seite zu treten und Platz zu machen für diejenigen, die vor dem Bild fotografiert werden wollten. Für die anderen war er ein Sonderling - unter ihnen schien *er* der Verrückte.

Was geschieht in diesen Touristen? Sie stehen vor einem berühmten Kunstwerk. Sie stehen vor etwas so Schönem, fast so schön, wie die Natur, fast so tief, wie die Natur. Sie stehen vor einem Meisterwerk, mit dem es einem Maler gelungen ist, seine Liebesfähigkeit auszudrücken. Aber sie lassen sich nicht von ihm berühren. Es sind ihre Gedanken, ihre Motive und Ängste, die sich zwischen sie und das Bild schieben. Vielleicht denken sie: "*Worin besteht die Schönheit dieses Bildes?*" Oder sie denken: "*Was will uns der Künstler damit sagen?*" Vielleicht denken sie auch: "*Dass ich hier war, muss ich meinem Nachbarn zeigen.*"

Die Fotoapparate, die die Besucher der *Mona Lisa* zwischen sich und das Bild schieben, sind ein Symbol für die Motive und Gedanken, die sich zwischen sie und das Bild geschoben haben. Die Touristen benutzen die Berühmtheit der *Mona Lisa*, um ihr Ego ein bisschen zu stärken. Mit der Schönheit des Bildes allerdings nehmen sie dabei keinen Kontakt auf.

Solange du dir deiner Gedanken und Gefühle nicht bewusst wirst, wirst du in deinem ganzen Leben nichts anderes tun, als diese Besucher im Louvre. Du wirst alles tun, damit dein Ego gestärkt wird - und die Schönheit des Lebens zieht dabei unerkannt an dir vorüber.

Das Geheimnis des Bildes bleibt für diese Touristen unerschlossen. Für sie ist das Bild groß, weil es ihr Ego groß macht. Um jedoch mit dem Bild in Kontakt zu kommen, um mit ihm zu verschmelzen, müssten sie über ihr Ego hinausgehen.

Wenn du mit dem Leben verschmilzt, mit einem Menschen, mit der Natur oder mit einem Kunstwerk, dann ruhen deine Gedanken, dann verschwindet dein Ego. Das Verschmelzen besteht eben darin, dass du nicht mehr denkst, und dass es nicht um deine Motive geht. Genau darin, dass du verschwindest, besteht die tiefe Erfahrung der Hingabe. Du gibst dich hin, du verschwindest.

Wenn du einem anderen Menschen mit einem Motiv begegnest, dann begegnest du in Wahrheit immer nur deinem Motiv. Dir begegnet dann nie dein Gegenüber. Wenn du eine Partnerschaft eingehst, weil du Angst hast vor Einsamkeit, dann triffst du in deinem Partner immer nur auf deinen Kampf gegen Einsamkeit und Verlassenwerden. Dein Gegenüber bleibt dir dabei fremd. Du meinst ihn zu lieben, solange er dich vor der Einsamkeit bewahrt. Und du hasst ihn, wenn du dich von ihm verlassen und unverstanden fühlst, wenn er dich aus deiner Sicht in die Einsamkeit stößt.

Wenn in einer Vertriebsfirma Verkäufer geschult werden, dann besteht die Hauptschwierigkeit darin, die Verkäufer zu lehren, überhaupt auf die Bedürfnisse der Kunden zu hören. Jeder potenzielle Kunde gibt während eines Gespräches mit dem Verkäufer unbewusst seine

Motive preis. Er sagt in vielerlei Anspielungen, was er sucht, was er gerne kaufen möchte. Aber die Verkäufer erkennen diese Signale der Kunden nicht. Sie hören einfach nicht zu. Sie achten nicht wirklich auf das, was ihre Kunden sagen. Jeder Trainer von Verkäufern wird bestätigen können, dass er am meisten Mühe darauf verwenden muss, die Verkäufer zum Zuhören zu bewegen. Sie gehen auf ihre Kunden aus einem einzigen Grund nicht ein: weil sie den Kopf voller eigener Motive haben. Sie denken an ihren Umsatz, sie müssen ihre Miete bezahlen, sie hoffen, dass der Kunde sie akzeptiert, sie haben eine vorgefasste Meinung, was der Kunde vielleicht benötigen wird - ihr ganzer Kopf ist voll von Gedanken. Deswegen können sie sich nicht auf den anderen, so wie er ist, einlassen.

Wenn du bisher noch nicht erkannt hast, dass du anderen Menschen immer nur in Form deiner Motive und deiner Ängste begegnet bist, dann bist du bisher noch nie einem anderen Menschen begegnet. Es gilt, bei jeder einzelnen Begegnung deine Motive zu beobachten, bei *jeder*. Immer, wenn du auf einen Menschen triffst, und dir dabei nicht sofort deine Motive bewusst machst, die automatisch mit dieser Begegnung aufkommen, dann wirst du ebenso automatisch, ohne es zu bemerken, versuchen, den anderen für deine Motive zu benutzen. Damit bleibt er dir fremd.

In manchen Seminaren führe ich eine Übung durch, bei der die Teilnehmer sich paarweise gegenübersitzen und sich anschauen. Dann wird durch einen kleinen Trick erreicht, dass die Gedanken der sich Gegenübersitzenden zur Ruhe kommen, dass sie für kurze Zeit verschwinden. Was dann geschieht, ist für die meisten Beteiligten wie eine Offenbarung und ein unvergessliches Erlebnis. Sie erfahren zum ersten Mal, was es bedeutet, sich auf einen anderen Menschen wirklich einzulassen. Manche brechen dabei vor Glück in Tränen aus. Manche weichen spontan mit ihrem Körper zurück, weil die Nähe, die plötzlich entsteht, sie wie ein Keulenschlag trifft.

Bei jeder Begegnung mit einem anderen Menschen liegt das ganze Geheimnis darin, dass du ohne Motiv bist, dass du leer bist, dass du dir keine Vorstellung von ihm machst. Die inneren Bilder, mit denen du dich an andere wendest, bestehen aus genau zwei Bausteinen: aus deinen Wünschen an diesen Menschen und aus deinen Befürchtungen. Um diese beiden Themen kreisen deine Gedanken, bei jeder Begegnung, solange du unbewusst bleibst.

Du wirst beobachten können, dass deine Gedanken nicht in deinem Kopf entstehen. Sie kommen von außen. Das wirst du geradezu körperlich erleben. "Unsere" Gedanken kommen von irgendwoher, sie verweilen bei uns, sie gehen durch uns hindurch. Du wirst während des Meditierens durchaus nicht das Gefühl haben, dass es unbedingt der Kopf sein muss, wo sich die Gedanken bemerkbar machen. Sie nutzen unseren ganzen Körper. Sie wandern durch den Brustkorb, den Bauch oder durch die Beine. Unser Körper erzeugt die Gedanken nicht, er macht sie lediglich manifest.

Es ist ähnlich wie bei einem Radioempfänger. Die Musik, die er spielt, ist auch nicht in dem Empfänger entstanden, sondern sie kommt von außen. Das Radio ist lediglich ein Instrument, um eine andere Realität, eine elektromagnetische Schwingung, in welcher eine geistige Struktur verborgen ist, in eine materielle Realität zu übersetzen. So ist auch unser Körper mit dem Nervensystem und dem Gehirn lediglich ein Instrument, um eine geistige Ebene in eine materielle zu übersetzen. Gedanken sind ein Element dieser geistigen Ebene. Sie füllen das ganze Universum aus. Besser gesagt, das ganze Universum *ist* ein Gedanke.

In der Bibel wird eine Metapher für die Entstehung der Welt benutzt: "*Am Anfang war das Wort*". Am Anfang war ein ausgesprochener Gedanke. Ebenso, wie unser ganzes materielles Universum mit dem Urknall aus einer kleinen, ungeheuer dichten Menge Energie entstanden ist, so ist das geistige Universum aus dieser einen Uridee entstanden. Nun strömen alle Abkömmlinge dieses ersten Gedankens immerzu durch uns hindurch. Wenn einer dieser Gedanken, die dich berühren, für dich bedeutsam wird, weil er für dich mit einer Angst oder mit einer Erwartung verknüpft ist, dann lädst du ihn innerlich mit Energie auf. Dann tritt er in dein Bewusstsein - und du glaubst, du hättest ihn gedacht.

Du hast dich verliebt. Deine Gedanken kreisen beständig um den Geliebten. Du willst ihn unbedingt bald wiedersehen. Da besucht dich ein Freund und sagt zu dir: "*Ich habe eine Idee, wir machen am Wochenende eine richtig schöne Sommerparty. Und wir laden alle Leute ein, die wir so kennen.*" Diese Idee findest du großartig, denn die Party bietet dir eine Gelegenheit, deine große Liebe wiederzusehen. Die Idee *Sommerparty* kam zu dir von deinem Freund. Sie kam von außen. Du erst gibst ihr aber Bedeutung, denn du lädst sie auf mit deiner Energie, mit deiner Freude, mit deiner Liebe, womit sie wie deine eigene Idee ist. Wenn du gerade nicht verliebt gewesen wärst, hätte dich diese Idee, eine Party zu organisieren, vielleicht überhaupt nicht berührt. Dann wäre sie spurlos durch dich hindurchgegangen, so als hättest du sie nie gedacht.

Meditation ist ziellose Präsenz

Hui-Neng war einer der bedeutendsten ZEN-Meister, der dem ZEN im siebten Jahrhundert nach Christi den Weg in China ebnete. Der ZEN-Buddhismus hat einige der radikalsten Methoden hervorgebracht, um zu Bewusstheit und zur Erleuchtung zu gelangen.

Über Hui-Neng ist eine lehrreiche Begebenheit überliefert. Er, der heute für viele als der eigentliche Begründer des ZEN gilt, wurde eines Tages von einem Schüler aufgesucht. Dieser junge Mann hatte schon mehrere Jahre unter Anleitung eines anderen ZEN-Meisters das Meditieren geübt und wollte nun durch Hui-Neng in Meditation unterwiesen werden. Dieser fragte den Schüler: "*Was hast du bei dem anderen Meister bisher gelernt?*" Der Gefragte antwortete: "*Mein Meister lehrte uns, die Regungen des Geistes anzuhalten und für lange Perioden in Meditation versunken still dazusitzen.*"

Darauf sagte Hui-Neng: "*Die Regungen des Geistes anzuhalten und in Meditation versunken still dazusitzen ist eine Krankheit (...), und nicht der geringste Gewinn ist von solchem ausdauerndem Sitzen zu erwarten.*"

Was meint Hui-Neng mit dieser Antwort? Für ZEN spielt Meditation eine große Rolle. Die ZEN-Meister sagen, dass das Erwachen des Menschen schlagartig passiert. Es tritt plötzlich ein, ohne Übergang, es ist kein kontinuierlicher Prozess. Aber dieses Ereignis bedarf einer Vorbereitung, ohne die das Erwachen nicht möglich ist; dieser Vorgang ähnelt dem Gefrieren von Wasser. Bis zur Temperatur von null Grad muss das Wasser stetig abgekühlt werden. Sobald das Wasser aber am Gefrierpunkt angelangt ist, kristallisiert es schlagartig. Ganz von allein geschieht nun ein Qualitätssprung: Das Wasser verschwindet, und das Eis erscheint. Du musst und du kannst für diesen letzten Schritt des Kristallisierens nichts mehr tun. Aber vorher war die Abkühlung nötig. Die Abkühlung, die der Eiswerdung vorausgeht, ist die Meditation, die der Erleuchtung vorausgeht. Obwohl Erleuchtung eintritt unabhängig von Meditation, ist Meditation aus Sicht des ZEN eine notwendige Vorbereitung.

Also hatte Hui-Neng mit seiner Äußerung gegenüber dem neuen Schüler in keiner Weise das Meditieren an sich kritisiert. Es ging ihm um etwas anderes. Aber worum? Die Antwort auf diese Frage ist von sehr großer Bedeutung. Denn die Erkenntnis, dass es die Gedanken sind, die uns von der Realität und von der Einsicht in unser eigenes Wesen trennen, verleitet viele spirituell Suchende zu einem Irrtum. Sie lassen sich von der Idee verführen, dass es darauf ankäme, die Gedanken zu beruhigen, sie zu vollkommenem Schweigen zu bringen. Und genau damit begeben sie sich in eine Sackgasse.

Hui-Nengs Worte richten sich gegen den Versuch, seine Gedanken beherrschen zu wollen. Seine Worte richten sich gegen zwei grundsätzliche Irrwege, die Meditierende immer wieder betreten: Gegen die *Bemühung*, die Gedanken zum Schweigen zu bringen und gegen den Glauben, dass dies *überhaupt möglich sei*.

Die Annahme, die Gedanken überhaupt zum Schweigen bringen zu können, ist falsch. Dein Geist ist in ständiger Bewegung. Die Gedanken kommen und gehen – unablässig. Sie anhalten zu wollen ist so, als würdest du einen breiten Strom anhalten wollen. Du stehst am Ufer und willst das Fließen des Flusses stoppen. Das ist sinnlos. Ebenso wie ein Fluss immerzu in Bewegung ist, fließen immerzu Gedanken durch dich hindurch. Seit deiner Geburt und sogar schon seit deiner Zeit im Mutterbauch bist du durchdrungen von Gedanken. Das kann auch gar nicht anders sein, ebenso wie mit deinem Atem: Du wirst geboren, und dann musst du atmen. Den Atem stoppen zu wollen, ist sinnlos. Gelänge dir das, hörte dein Leben auf. Wenn du deine Gedanken anhalten willst, wendest du dich ebenso gegen das Leben. Schon Heraklit sagte: "*Alles fließt*".

Noch stärker als der Irrtum, du könntest deine Gedanken beruhigen, behindert dich in der Meditation die zweite Täuschung. Diese Täuschung ist die *Bemühung*, deine Gedanken zu beruhigen. Sie trennt dich von dir selbst und der Realität.

Dies sei anhand eines Beispiels erläutert. Wenn du am Ufer eines Flusses stehst und sein Fließen betrachtest, dann wirst du zwangsläufig zu einer Entscheidung gedrängt. Du stehst innerlich vor der Frage, ob du den Fluss annimmst, wie er ist, ob du dich mit ihm verbindest, oder ob du dagegen irgendetwas mit ihm *tust*. Ob du in ihm badest, ob du ihn nutzen möchtest, um dich auf ihm mit einem Boot fortzubewegen, um aus ihm Fische herauszufangen. Selbst wenn du über den Fluss nachdenkst, tust du etwas mit ihm. Mit all diesen Handlungen machst du den Fluss zum Subjekt deiner Motive. Diese Wahl – die Wahl zwischen tun und akzeptieren –, die du in diesem Moment triffst, die triffst du immer, in jeder Sekunde deines Lebens. Deine Wahl bestimmt zugleich, was du im Umgang mit dem Fluss erfährst. Davon spricht Hui-Neng zu seinem neuen Schüler.

Du kannst dich dafür entscheiden, in den Fluss zu steigen und gegen den Strom zu schwimmen, um dir deine Kraft zu beweisen. Dazu musst du eine etwas ruhigere Stelle des Flusses aussuchen, wo er seinerseits nicht ganz in seiner Kraft ist. Denn wenn du wirklich gegen den Strom schwimmen wolltest, würde er dich sofort umbringen. Also suchst du dir eine Stelle, an der der Fluss gelassener daherkommt. Nun steigst du hinein und schwimmst. Auf diese Weise erfährst du deinen Körper. Du erlebst, wie sich deine Muskeln anspannen, wie dein Atem rhythmisch die Lungen füllt, wie dein Blut dich durchströmt. Du spürst das Wasser an deiner Haut, du genießt den sanften Riesen, der dich trägt. Wenn du es nun eine Weile geschafft hast, dich gegen den Strom zu behaupten, dann kannst du dir anschließend auf die Schultern klopfen: Du bist ein Prachtkerl.

Du könntest aber auch beschließen, den Fluss umzuleiten. Vielleicht bist du Ingenieur und siehst eine Herausforderung darin, Land zu bewässern. So könntest du anderen beweisen, dass du ein technisches Genie bist. Letztlich aber willst du die Macht des Flusses brechen, um ihn deinem Willen zu unterwerfen. Damit lernst du eine ganz andere Seite des Flusses kennen. So würdest du als Baumeister zwar vielerlei Erfahrungen mit dem Fluss machen. Du würdest bemerken, dass sich die Umgebung landschaftlich verändert, denn dein Tun kann die gesamte Natur beeinflussen. Doch den Fluss kannst du zwar umleiten, aber das Fließen kannst du nicht stoppen. Sogar im Wort *beeinflussen* ist der Fluss noch enthalten.

Statt des Tuns, statt des Handelns am Fluss ist dir jedoch auch eine grundlegend andere Möglichkeit gegeben: Du kannst jedwede Aktivität, jedwede Bemühung aufgeben. Setze dich einfach nur an das Ufer des Flusses und verbinde dich mit ihm; gib dich ihm hin. Du kannst meditativ sein, indem du zum Zeugen, zum Beobachter des Flusses wirst und von all dem, was der Fluss in dir auslöst. Diese zweite Möglichkeit meint Hui-Neng. Sie hat eine völlig andere Qualität als das Tun. Wenn du am Fluss handelst, wenn du in ihm schwimmst oder ihn sogar umleitest, dann kannst du selbst so bleiben, wie du bist. Dein Tun dringt nicht tief in dich ein. Du musst dein Streben nach Erfolg, deinen Machthunger oder deine Geldgier nicht aufgeben. Du musst sie noch nicht einmal durchschauen. Ja, letztlich nutzt du sie dann sogar, um dem Fluss deinen Willen aufzuzwingen. – Innen bleibst du dabei allerdings unberührt. Wenn deine Eltern dir ein tiefes Minderwertigkeitsgefühl eingepflanzt haben, dann wird auch jeder Erfolg, den du am Fluss erringst, daran nichts ändern. Dann wird der Fluss lediglich nur ein weiteres Mittel für dich sein, um zu beweisen, wie wertvoll du bist.

Wenn du dich dagegen mit dem Fluss verbindest, wenn du mit ihm verschmilzt, dann dringt der Fluss in dich ein und du kannst innen nicht mehr unberührt bleiben. Denn du könntest keine zehn Minuten still am Ufer des Flusses sitzen – und dabei geistig präsent sein –, ohne dass deine Motive sich in dir erheben und dich zu Handlungen drängen würden. Du würdest das Bedürfnis bekommen aufzuspringen, im Fluss zu baden, mit anderen über den Fluss zu reden, neue Pläne zu schmieden. Möchtest du trotz all dieser Ideen mit dem Fluss verbunden bleiben, dann hast du keine andere Wahl mehr, als alle diese Gedanken zu beobachten. Deine Gedanken werden dir dabei bewusst werden. Andernfalls könntest du nicht still bleiben. Dir wird bewusst werden: *"Jetzt kommt der Impuls, in den Fluss zu springen"*, oder: *"Jetzt denke ich schon wieder an meine beruflichen Pläne, weil ich so unzufrieden bin."* Wenn dir diese Impulse nicht bewusst werden würden, hättest du in dem Moment, wo sie auftauchen, die Verbindung zum Fluss in dir und damit auch zum Fluss vor dir verloren. Du wärst wieder in deine Motive verwickelt, wieder eins mit deinen Motiven und nicht mehr mit dem Fluss. Bleibst du dagegen in Meditation, dann dringst du von selbst immer tiefer in dich vor. Ein Motiv nach dem anderen wird aufsteigen, und du wirst dessen Beobachter bleiben. So werden auch irgendwann deine Eltern vor dir erscheinen und du wirst erkennen, wie viel Minderwertigkeit du aus deiner Kindheit mitgebracht hast. Diese Minderwertigkeit ist es, die dich immerfort antrieb zu handeln und dich daran hinderte zu sein.

Wenn du am Fluss lediglich handelst, wenn du lediglich tust, dann bleibst du für dich selbst blind. So könntest du letzten Endes die ganze Welt verändern, du könntest die ganze Welt beherrschen und dennoch blind bleiben. Setzt du dich jedoch hin und wirst still, ohne deine geistige Präsenz zu verlieren, dann dringt die Welt in dich ein. Dann dringst du in dich ein, dann beginnt die Transformation. Dann wirst du eine tiefe Veränderung nicht mehr verhindern können. Dieser Unterschied zwischen dem blinden Folgen der Motive und deren Beobachten ist der Unterschied zwischen Nicht-Meditieren und Meditation.

Wann immer du etwas erreichen möchtest, wann immer du ein Ziel anstrebst, hast du dich deinem Ego unterworfen. Dann bist du eins mit deinem Ego und nicht mit dir. Damit ist nicht gesagt, dass du unvollkommen bist, wenn du dein Ego handeln lässt. Damit ist auch nicht gesagt, dass du dann falsch bist, denn du bist nie falsch, was immer auch geschieht. Gemeint ist, dass du diesen wichtigen Unterschied erkennen kannst. Der Schritt über das Ego hinaus ist Hingabe, ist Nicht-Erreichen-Wollen. Der Schritt vom Erreichenwollen zum Nicht-Erreichen-Wollen ist die Wasserscheide für deine Seele.

Wir Menschen sind völlig gefangen im zielgerichteten Handeln. Das Gehenlassen jedoch, das Akzeptieren, das in die Existenz Fallenlassen, das können wir nicht. Alles, was du erreichen möchtest, alles was du in dir hast als Vision von Glück, von Seligkeit, von Liebe, von Vertrauen, von Wahrheit und Wissen, wirst du niemals mit zielgerichtetem Handeln erlangen können. Dies alles wird nur durch Hingabe bei dir eintreten.

Die Menschen sind so gewöhnt an ihr Tun, dass sie ihr Tun noch in die Meditation mitnehmen. Es ist ihnen kaum vorstellbar, dass das Nicht-Tun wertvoll ist. Sie meditieren und sind dabei voller Motive. Ihre Motive dabei sind: Entspannung, Erleuchtung, Gedankenberuhigung – und genau damit zerstören sie die Meditation. Wann immer du während der Meditation irgendetwas erreichen möchtest, bist du bereits aus ihr herausgefallen. Und wann immer du dich in der Meditation dabei ertappst, dass du etwas erreichen möchtest, bietet sich dir sofort eine großartige Möglichkeit: Du kannst dieses Motiv, das da gerade auftaucht, beobachten. Du kannst dir bewusst machen, dass es da ist. Anstatt also deinem Motiv zu folgen, beobachtest du es. Alle Motive bieten dir so die Möglichkeit, dass du genau an ihnen zum Beobachter werden kannst.

Auch deine Erfahrungen mit Glück und Leid sind ihrem Wesen nach Erfahrungen mit Tun und Motivlosigkeit. Wenn du glücklich bist, dann gibt es für dich nichts zu tun. Es gibt nichts mehr zu erreichen. Und es gibt auch nichts mehr zu verhindern, denn du bist ja schon glücklich. Der spirituelle Kern dieser Erfahrung liegt jedoch genau in der *Umkehrung* des Zusammenhangs: Wenn alle Motive von dir fallen, wenn es nichts mehr zu tun gibt, dann bist du glücklich. Wenn du nichts mehr verändern und nichts mehr erreichen willst, dann ist alles so in Ordnung, wie es gerade ist. Dann bist du selbst in Ordnung. Dann bist du eins. Das ist Glück.

Ähnlich verhält es sich mit dem Leid. Wenn du leidest, versuchst du etwas zu verändern, da du das Leid ja beenden willst. So wie du im Glück nichts verändern willst, willst du im Leid verändern. Und die Menschen denken, sie würden etwas verändern wollen, weil sie leiden. Der spirituelle Kern auch dieser Erfahrung ist wieder genau in der Umkehrung zu finden: Immer wenn du versuchst, etwas zu verändern, dann erschaffst du Leid. Dann wehrst du dich, dann bist du nicht eins. Wenn dich ein Motiv treibt, dann leidest du.

Auf diese Weise bringen dir die Erfahrungen von Glück und Leid, so unterschiedlich sie sich auch anfühlen, die gleiche Botschaft: Lass zu, durchschaue deine Motive, bleibe ganz im Augenblick. Dies bedeutet nicht, dass du nicht handeln sollst. Bleibe aber während deiner Handlungen im Augenblick, bleibe präsent. Damit wird jede Handlung, unabhängig von ihrem Folgen, zur Quelle von Freude werden. Meditation ist das Durchschauen, das Beobachten, das Bewusst-Sein der Motive, die dich antreiben. Ein Motiv, das du beobachten kannst, wird dein SEIN im Augenblick nicht mehr zerstören. Als Beobachter bist du von deinem Motiv gelöst, nicht mehr darin verstrickt. Umgekehrt gilt: Sobald du in ein Motiv verstrickt bist, ist der Beobachter verloren gegangen. Damit erschaffst du dir eine neue Erfahrung von Leid und zugleich einen Ausgangspunkt einer weiteren Erfahrung von Glück. Von der Warte des Beobachters aus erkennst du, wie dein Leben in Glück und Unglück zerfällt, wenn du dich in Motive verstrickst. Anders gesprochen: Sich in Motive zu verstricken, ist ein Weg, um Erfahrungen mit Glück und Unglück zu machen. Der Beobachter all dessen zu sein, ist Meditation.

Das meinte Hui-Neng: Nimm kein Motiv mit in die Meditation. Ein Gedanke ist ein Gedanke. Er ist ebenso neutral wie ein Baum. Nimm ihn als solchen einfach nur wahr. Willst du ihn beruhigen, ihn vertreiben, dann gibst du ihm eine Bedeutung, die er nicht hat, und sofort bildet sich um dich wieder ein Nebel aus Unbewusstheit. Wenn du aber zum Beobachter deines Verstandes geworden bist, dann *werden* sich deine Gedanken beruhigen. Sie werden nicht mehr diesen Affentanz veranstalten, den sie in deinem Geist aufführten, solange du noch nicht bewusst warst. Sie werden sich beruhigen. Jedoch ist dies nicht das Entscheidende. Gedanken werden immer da sein. Wenn du Nähe erlebst, werden Gedanken da sein. Wenn du mit Menschen sprichst, werden Gedanken da sein, wenn du zornig bist, werden Gedanken da sein. Von Bedeutung ist allein, dass du mit deinen Gedanken kein Motiv mehr verknüpfst.

Ob du deinen Partner mit deiner Eifersucht an dich zu binden versuchst, ob du eine Million Euro besitzen willst oder ob du in der Meditation die Gedanken beruhigen willst – darin liegt aus der Sicht deiner Seele kein qualitativer Unterschied. Denn in all diesen Motiven liegt die Vorstellung, dass dir das Erreichen eines Ziels irgendetwas bringen würde. Genau diese Vorstellung *ist* der Kreislauf, aus dem es herauszutreten gilt.

Meditativ sein bedeutet, dass du allem, was geschieht, nicht mehr den Stempel deiner Motive, deiner Wünsche und Ängste aufdrückst. Diese Loslösung tritt ein, indem du deine Wünsche, Motive und Ängste beobachtest. Damit trittst du ins Jetzt ein. Im Jetzt ist alles vorhanden, was du dir je im Leben erwünscht hast, *weil jedwede Vorstellung verschwunden ist, dass irgendetwas fehlt.*

Wenn du deine ersten Erleuchtungserfahrungen machst, wirst du erkennen: Selbst das letzte Loslassen deiner Gedanken und Motive in der Meditation war noch ein Tick zu viel Bemühung. Selbst das letzte Müheloswerden war noch eine winzige Mühe, die dich von der Wahrheit trennte.

Deswegen nutze die Meditation, um deine Motive zu durchschauen, um ihr Beobachter zu werden und auf diese Weise immer tiefer in dich vorzudringen. Das Beobachten deiner Motive bereitet das Terrain vor und bringt dich immer weiter dorthin, wo schließlich alle Motive von dir fallen werden. Das Beobachten bringt dich immer näher an deine Quelle, deren Sprudeln dann einsetzen wird. Du kannst diesen letzten Akt nicht mehr mit deinem Willen herbeiführen, denn die Quelle beginnt zu fließen, wenn jede Identifikation mit einem Willen aufgehört hat. Genau das meinen die ZEN-Meister mit ihrem berühmten Gleichnis vom "*torlosen Tor*", durch das du hindurchtreten wirst. Das Tor ist da, es ist immer da gewesen, und es ist das wichtigste Tor, dem du je begegnet bist. In dem Moment, wo jeder Wille verschwunden ist, wo sogar noch der Wille verschwunden ist, das Tor zu durchschreiten - in diesem Augenblick bist du hindurchgetreten. Du konntest es nicht mehr verhindern.

ZWEITER SCHRITT

Meditativ sein im Alltag

Deinen Körper beobachten mit offenen Augen

Du liebst einen anderen Menschen. Auch er liebt dich. Nun steht ihr euch gegenüber. Du siehst in die Augen des geliebten Menschen, du siehst sein Gesicht, sein Lächeln, seinen Körper. Du spürst, wie deine Liebe dich durchströmt. Vollkommen erfüllt bist du von der Begegnung. Du spürst deinen Herzschlag, bist total aufgewühlt. Deine Haut kribbelt, als wäre dir jede deiner Poren bewusst. Obwohl du und der von dir Geliebte euch lediglich gegenübersteht, fühlt es sich so an, als wäret ihr bereits miteinander verschmolzen.

Du bemerkst noch etwas Weiteres. Nicht nur deinen Partner nimmst du so eindringlich wahr. Die ganze Welt ist auf einmal anders. Sie hat durch deine Liebe eine ungewohnte Intensität gewonnen. Die Vögel haben noch nie so schön gesungen, wie jetzt. Die Luft war noch nie so klar. Das Atmen fiel dir noch nie so leicht und war noch nie so kraftvoll. Das Essen schmeckt nun rein und intensiv - selbst die schlichtesten Speisen sind so schmackhaft, wie du sie noch nie erlebt hast.

Was ist mit dir geschehen? Warum spürst du die ganze Welt so nachhaltig, wenn du liebst? Warum hast du sie vorher, ohne die

Liebe, nicht so intensiv erfahren können? Was hat sich mit dir verändert? Macht der andere irgendetwas Geheimnisvolles mit dir?

Viele Menschen erleben Augenblicke der Liebe oder zumindest das Verliebtsein. Sie erfahren wenigstens für kurze Zeit diese Intensität. Aber sie fragen sich nicht, was mit ihnen dabei geschieht. Sie fragen nicht, was sie tun können, um diese Lebendigkeit für immer zu bewahren, um immer derart präsent sein zu können. Sie glauben, eine solch tiefe Wahrnehmung setze das Verliebtsein voraus. Aber das ist eine Täuschung. Die Liebe ist ein Tor zu dir selbst. Sie kann dir zeigen, was geschieht, wenn du Kontakt zu dir selber hast. Sie ist jedoch nicht das einzige Tor.

Warum macht die Liebe das Leben intensiv? Zunächst kannst du erkennen, dass du, während dein Blick auf dem Partner ruht, dich selbst spürst. Du musst dich ja selbst spüren, sonst könnte es ja gar nicht intensiv werden. Du spürst dein Herz, deinen Bauch, deine Haut. Intensität entsteht, weil du bei dir bist. Du schaust den Geliebten an, *und* du hast Kontakt zu dir selbst. Fast scheint es, als würde gerade deine Liebe dich zu dir bringen. Als würdest du genau auf dem Umweg über den Geliebten zu dir selbst gelangen. Irgendetwas geschieht zwischen euch, das dich dazu bringt, in dich hineinzufühlen.

Es scheint Folgendes zu geschehen: Du liebst, dadurch reagieren deine Seele und dein Körper intensiv, und dadurch spürst du dich selber. In Wahrheit ist es aber genau umgekehrt: Wenn du bei dir bist, dann wird dein Leben intensiv. Würdest du immer so mit dir umgehen, würdest du immer genauso Kontakt zu dir halten, wie in den Minuten, in denen du mit deinem Geliebten zusammen bist, dann würde jede Minute deines Daseins diese Intensität besitzen. Dann würde Liebe zu deiner Grundqualität werden, die dich nicht mehr verlässt. Die Begegnung mit dir selbst führt dich in die Liebe. Genauer gesprochen: Der Kontakt zu dir selbst *ist* Liebe.

Hier sind wir wieder bei der Meditation angelangt. Genau auf das, was deine Liebe in dir bewirkt, zielt Meditation: Sei bei dir. Beobachte, was die Welt in dir auslöst. Wenn du einem Menschen begegnest, beobachte, was dabei in deinem Körper geschieht. Wenn du isst, beobachte, was das Essen mit dir macht. Wenn du traurig bist, beobachte, was die Traurigkeit mit dir macht. Wenn du vor einem Baum stehst, beobachte, was der Baum mit dir macht. Du wirst mit einem Mal entdecken, dass das, was du in deiner Liebe zu deinem Partner erfährst, kein isoliertes Ereignis ist, sondern dass das gesamte Leben sich als Liebe äußern kann.

Es geht also darum, meditativ zu bleiben in den alltäglichen Situationen. Aber wie kannst du dahin kommen? Wie kannst du, während du über etwas nachdenkst, während du dich vielleicht sogar über jemanden ärgerst und deine Wut ganz auf ihn ausgerichtet ist – wie kannst du dann ebenso bei dir bleiben, wie in Meditationen mit geschlossenen Augen? Für diesen Schritt werden in diesem zweiten Teil des Buches mehrere mögliche Wege aufgezeigt. Der direkteste Weg besteht darin, dass du zunächst Folgendes tust:

Übung *WAHRNEHMEN:*

Genau das, was du in der Übung *KÖRPERBEOBACHTUNG* mit geschlossenen Augen in einer ruhigen und geschützten Situation getan hast, tust du nun auch mit offenen Augen. Nimm, während du handelst, deinen Körper wahr. Wähle anfänglich dafür einfache Handlungen aus, dann wird dir dieser Schritt leichter gelingen. Wähle Handlungen aus, bei denen du allein bist und dich nicht auf andere konzentrieren musst. Führe die Übung durch beim Aufräumen, Abwaschen, Papiere sortieren, Spazierengehen oder Essen. Nutze solche Tätigkeiten, um der Wahrnehmende deines Körpers zu sein.

Wenn du also demnächst deine Papiere auf dem Schreibtisch ordnest, bleibe währenddessen konsequent im Kontakt zu deinem Körper. Du spürst mit deinen Sinnen zu ihm hin. Du beobachtest die Gefühle, die dich dabei begleiten. Du beobachtest, wie sich das Papier anfühlt, das deine Hände berührt. Nimm auch bewusst Gerüche und Geräusche wahr. Bald wirst du bemerken, dass all diese Handlungen, die du so bewusst spürst, zu einer Quelle des Genusses und der Tiefe werden. Die einfachsten Handlungen werden durch Wahrnehmung zu einem Ausgangspunkt von Lebenstiefe.

Wahrnehmen bedeutet, *in* deinen Körper hineinzuspüren. Wenn dagegen Wissenschaftler vom Wahrnehmen sprechen, dann meinen sie etwas ganz anderes. Sie meinen mit Wahrnehmen, dass sie ihre Messgeräte beobachten, um alles mitzubekommen, was während ihres Experimentes geschieht. Wahrnehmen bedeutet für sie, nach außen gerichtet zu sein. Was sich währenddessen in ihnen selbst ereignet, ist aus ihrer Sicht unwesentlich. Sie glauben sogar, in ihrem Experiment gar nicht vorhanden sein zu dürfen. Genau dies bezeichnen sie als Objektivität. Für sie ist die Voraussetzung für Wissenschaftlichkeit, dass ihre Person aus ihrem Experiment verschwindet. Der Tuende soll aus dem verschwinden, was er tut. Wissenschaftler zu sein bedeutet, der Illusion verfallen zu sein, dass man sich überhaupt heraushalten, dass man sich von der Welt trennen kann. Es bedeutet zu glauben, der Mensch könne einer *"objektiven"* Umwelt isoliert gegenüberstehen.

Wahrnehmung als meditative Haltung ist das exakte Gegenteil dazu: *Du* bist völlig präsent. Genau das, was in dir geschieht, ist das Wesentliche, ist der Gegenstand der Beobachtung. Genau das ist es, was deine Lebenserfahrung ausmacht.

Nun führst du also einfache Handlungen aus und beobachtest, was währenddessen in deinem Körper geschieht. Du wirst bemerken, dass deine Bewegungen dabei etwas langsamer werden. Nach kurzer Zeit werden deine Handlungen auf diese Weise eine neue Bedeutung für dich gewinnen. Du wirst sie, wie gesagt, nicht mehr nur erledigen, sondern du wirst sie genießen. Alles, was du wirklich wahrnimmst, ist nicht mehr nebensächlich oder gering. Nebensächlich können nur Ereignisse sein, die unbewusst bleiben. Du wirst beginnen zu entdecken, dass in all diesen kleinen Handlungen mehr Glück liegt, als in den großartigen und dramatischen Ereignissen und Erfolgen deines Lebens. Die Empfindung, dass in den schlichten Dingen etwas Heiliges und eine große Kraftquelle liegt, tritt sehr schnell ein. Du musst nur darauf achten. Das wird dir auch helfen, dich immer häufiger daran zu erinnern, in alltäglichen Situationen wirklich wahrzunehmen.

Dir wird diese Übung leichter gelingen, wenn du zuvor die Übung *KÖRPERBEOBACHTUNG* mit geschlossenen Augen eine Zeit lang durchgeführt hast. Meine Klienten führen diese Übung wenigstens einen Monat lang mit geschlossenen Augen durch und gehen erst dann dazu über, damit Erfahrungen im Alltag zu machen. Das Beobachten des Körpers erzeugt einen bestimmten Zustand, ein bestimmtes "Gefühl". Dieser Zustand ist ein anderer Blick auf die Welt und auf dich selbst.

Wenn es dir gelingt, über längere Zeit - einige Minuten oder länger - kontinuierlich in einfachen Handlungen wahrzunehmen, dann kannst du dich auf eine Entdeckungsreise begeben. Dann kannst du beginnen zu erkunden, was in dir auch in komplexeren Lebenssituationen geschieht, wenn du dich mehr auf die Außenwelt konzentrieren musst: Während du mit anderen Menschen sprichst, oder während du energievoll und zielgerichtet handelst. Dabei wirst du viel Neues über deine wahren Gründe verstehen, aus denen heraus du bisher gehandelt hast. Du wirst dich darüber wundern, dass dir bislang deine Motive so wenig bewusst waren. Damit wird für dich ein neuer Weg der Erkenntnis beginnen. Es wird dir schließlich sogar möglich werden, deinen Körper wahrzunehmen, während du wütend bist, während also deine Kraft sich ganz nach außen verströmen will. Wenn du das erste Mal wirklich in der Wahrnehmung bleibst, während du Wut hast, wird dir deine Wut nicht mehr wie Wut erscheinen. Das Ereignis oder derjenige, der deine Wut erregte, wird seine provozierende Bedeutung für dich verlieren. Du wirst deine Wut annehmen als das, was sie ist: Eine konzentrierte Form von Lebensenergie, und sie wird dich nicht mehr in Auseinandersetzungen verwickeln. Du wirst vielmehr trotz deiner Wut vollkommen frei sein. Auf diese Weise kann dir deine Wut helfen zu erkennen, dass du frei bist - auch mit hoher Lebensenergie.

Während du wahrnimmst, hört die Zeit auf. Dann kommst du im JETZT an. Denn während du wirklich bei deinem Körper bist, ist die Zeit verschwunden. Man kann nicht einmal sagen, dass sie dann stillstünde. Sie steht nicht still, sie ist verschwunden. Die Zeit ist gar nicht da. Du bist zeit*los*. Du bist versunken in die Existenz. Je mehr sich das Wahrnehmen in dir ausbreitet, je mehr du dich darauf einlassen kannst, umso mehr wirst du erfassen, dass es in Wahrheit gar keine Zeit gibt.

Dafür kannst du ein kleines Experiment durchführen. Es gelingt besonders leicht im Umgang mit einem anderen Lebewesen, mit einem Menschen, einem Tier oder einer Pflanze. Du streichelst beispielsweise eine Katze. Sie schnurrt, genießt deine Hand, vielleicht drückt sie ihren weichen Körper gegen dich. Du genießt ihr Zutrauen, du genießt dein Streicheln. Beobachte nun dabei deinen Körper. Richte deine Sinne nicht nur auf die Katze, sondern zugleich in dich. Du bist bei der Katze *und* in deinem Körper.

Wenn du später an diese Begegnung mit der Katze denkst, dann werden genau diese Sekunden, wo du die Katze in deinem Körper gespürt hast, sofort präsent sein. An all die anderen Momente, in denen du nicht wahrgenommen hast, wirst du dich dagegen nur *erinnern*. Diese Ereignisse musst du aus dem Gedächtnis hervorkramen.

Die Situationen jedoch, in denen du bei dir warst, sind sofort da. Sie sind keine bloßen Erinnerungen mehr, sie sind einfach präsent. Alles, was du bewusst erlebt hast, bleibt zeitlos und mit seinem vollständigen emotionalen Gehalt anwesend.

In diesem Phänomen liegt auch begründet, was viele als Trauer erfahren. Wenn man genau hinschaut was geschieht, wenn jemand um einen verstorbenen Menschen trauert, dann erkennt man, dass die Trauer zum größten Teil aus den nicht genutzten Begegnungen besteht. Man hat sich die wesentlichen Dinge nie gesagt. Es gab so viel unnützen Streit. Viele entdecken erst im letzten Abschied, wie tief sie mit dem Verstorbenen während des ganzen Lebens verbunden gewesen waren oder wie sehr sie ihn sogar liebten. Aber sie haben nie mit ihm darüber gesprochen - und sich selbst, innerlich, nie auf diese Liebe eingelassen. So vieles hätte man gemeinsam tun können, doch sie waren mit dem Verstorbenen nie wirklich verbunden. Aus dieser plötzlichen Einsicht resultiert die Trauer.

Die gemeinsamen Situationen dagegen, in denen Zurückgebliebene wirklich präsent gewesen waren, erleben sie im Abschied nicht als Trauer. Für diese Momente sind sie voller Dankbarkeit. Diese Situationen erzeugen nicht Schmerz, sondern Verbundenheit. Die Menschen trauern und haben Angst vor dem Tod, weil sie nie wirklich da sind. Ihr Leben besteht aus Erinnerungen und nicht aus Präsenz.

Während du wahrnimmst werden die Grenzen transparenter, die dein Körper und deine Psyche gegen die Umwelt setzen. Du bist dann eher bereit zu verschmelzen. Du bist eher bereit, Hingabe zuzulassen. Dieses Verschmelzen kannst du wiederum sehr deutlich in der Natur erleben. Setze oder lege dich in den Garten oder in den Wald - und nimm wahr. Führe die Übung *KÖRPERBEOBACHTUNG* durch. Du wirst erleben, wie du dich mit einem Mal mit den Bäumen, mit dem Gras und sogar mit dem Himmel verbindest. Du wirst eins mit der Natur, und darin liegt ein großer Genuss.

Um mit der Natur zu verschmelzen, um sie intensiv wahrnehmen zu können, musst du nicht zu ihr hinspüren, sondern zu dir. Du verschmilzt, und das bedeutet, dass der Gegensatz zwischen dir und der Umgebung verschwindet. Dein Ego ist nicht mehr präsent. Die Natur kommt dabei ganz dicht zu dir. Auch Tiere kommen ganz nah. Plötzlich sind die Vögel in deiner Nähe so unbesorgt, wie sonst nie. Da du eins bist mit der Natur, bist du keine Gefahr mehr für sie. Einem Klienten, der jeden Morgen durch den Wald joggt, habe ich empfohlen, das Laufen für einige Minuten zu unterbrechen, um mit der Natur, durch die er sonst seinen Körper hetzte, eins zu werden. Ich sagte zu ihm: "*Setze dich doch einmal unter einen Baum und beobachte für zehn Minuten deinen Körper. Du kannst dabei die Augen schließen oder offen halten. Das ist nicht von Bedeutung. Wichtig ist allein, dass du diese Zeit wirklich bei deinem Körper bist.*"

Er ließ sich auf das Experiment ein. Später erzählte er mir: "*Nach wenigen Tagen hatte ich das Gefühl, dass ich nicht nur in diesen kurzen Pausen meinen Körper deutlicher wahrnahm, sondern auch während ich jogge. Es ist, als ob sich die Meditation in das Joggen ausdehnt. Ich laufe jetzt mit mehr Genuss. Ich freue mich viel mehr auf das Laufen. Vorher lief ich, weil ich gesund sein wollte. Doch jetzt laufe ich aus Genuss.*"

Einige Wochen darauf rief er mich aufgeregt an und erzählte mir, dass er an diesem Morgen wieder sein Joggen unterbrochen habe, um unter einem Baum zu meditieren. Er schloss dabei die Augen. "*Nach vielleicht fünfzehn Minuten öffnete ich meine Augen wieder*", erzählte er, "*und dann stand wenige Schritte vor mir ein Reh mit seinem Kitz. Sie sahen mich nicht. Mir stockte der Atem. Ich wusste, wenn ich jetzt irgendetwas tue, dann bin ich wieder da, dann sehen sie mich und erschrecken*", schilderte er weiter. "*Ich konnte es nicht verhindern. Ich machte eine kleine Bewegung, ich weiß nicht mehr welche - und dann stürmten die beiden in panischer Flucht davon. Es muss für sie gewesen sein, als würde ohne jeden Grund mitten im Wald plötzlich vor ihnen ein Mensch erscheinen.*"

Wenn du wahrnimmst, kommt dir die Natur, kommt dir das gesamte Leben sehr nah.

Dass du mit allen diesen Dingen wirklich deine Erfahrungen machst, ist für dich von großer Bedeutung. Lass dich darauf ein, wie das Essen schmackhafter wird, wenn du wahrnimmst, und wie die Natur intensiver wird, wenn du wahrnimmst. Erlebe, in welcher Intensität Nähe zu anderen Menschen entsteht, einfach indem du wahrnimmst. Du musst nichts anderes tun, um Nähe entstehen zu lassen. Sie entsteht einfach, indem du dich in der Nähe eines anderen aufhältst und zugleich dich wahrnimmst. Je tiefer du wahrnimmst, umso intensiver, reicher und lebenswerter wird dein Dasein werden.

Wichtig ist aber auch, die Erfahrungen zu machen, was geschieht, wenn es dir *nicht* gelingt wahrzunehmen. Vielleicht wolltest du deine Wohnung reinigen und nahmst dir vor, während dieser Zeit ganz bei dir zu bleiben. Aber dann kreisten deine Gedanken beständig um einen Streit in deiner Familie oder um ein berufliches Problem. Du hast dann zwar sauber gemacht, aber du warst dabei nicht anwesend. Wenn du während einer Handlung über etwas anderes nachdenkst, bist du nicht bei dir. Nach dem Reinigen bist du erschöpft. Dabei weißt du schon, dass deine Arbeit eine Erholung, eine Kraftquelle gewesen wäre, wärst du währenddessen bewusst geblieben.

Erlebe ebenso, wie schnell du das Vorhaben, dich selbst wahrzunehmen, vergessen kannst - ohne eine Spur der Erinnerung. So bist du zu deinem Chef zitiert worden oder gehst in ein anderes für dich heikles Gespräch. Du nimmst dir vor, während des Gespräches bei dir zu bleiben. Dann ist der Termin vorbei, und du hast an dein Vorhaben nicht einmal gedacht. Du hast es einfach vergessen. Auch diese Erfahrung ist sehr bedeutsam. Du erlebst nun, wie unbewusst du bisher gewesen bist.

Wenn du die Intensität zu spüren beginnst, die mit bewusstem Wahrnehmen in dein Leben kommt, wenn du das erste Mal ahnst, wie viel du bisher verpasst hast, dann ist viel gewonnen. Dann wird in dir eine Sehnsucht wach. Dies ist die Sehnsucht nach der Wahrheit, nach wirklicher Erkenntnis, die mit dem Verstand nichts mehr zu tun hat. Diese Sehnsucht kann ein Ausgangspunkt dafür werden, dass du ein Suchender wirst. Sie kann der Ausgangspunkt für die Entscheidung werden, dich auf den Weg zu machen, dich selbst zu finden. Das wird die wichtigste Entscheidung deines bisherigen Daseins sein. Jahrhunderte und Jahrtausende hast du gebraucht, um zu dieser Entscheidung vorzudringen. Jetzt endlich tritt diese Frage in dein Dasein ein: Wer bist du?

Das Gleiche geschieht in dem uralten Gleichnis vom verlorenen Sohn. Der Sohn war verloren gegangen, weil er zuvor vielleicht einen Streit mit dem Vater hatte oder aus einem anderen Grund. So verschwand er für viele Jahre. Sein Erbe hat er durchgebracht. Er hat Gefahren überlebt und wäre fast darin umgekommen. Nun kehrt er heim: halb verhungert, sich selbst unähnlich, eher tot als lebendig. Aber dennoch: Er kehrt heim. *Er* ist das geliebte Kind - er, der verschwunden war, er, der untreu geworden ist - und nicht die anderen Kinder, die zu Hause geblieben waren.

Dein verlorener Sohn ist die Neugierde darauf, wer du wirklich bist. Wenn dieser Sohn endlich zu dir zurückkehrt, dann tritt etwas Heiliges wieder bei dir ein. Dann wirst du zum Suchenden. Dann gibst du nach und nach all die scheinbaren Sicherheiten auf, die du bisher um dich herum errichtet hattest. Ein Suchender ist jemand, der Sicherheiten aufgibt. Ein Suchender ist einer, der zu erkennen beginnt, dass es keinen Halt, keine Ekstase, keine Lebendigkeit gibt, solange er eines verloren hat: sich selbst.

Was ist der Unterschied zwischen Wahrnehmung und Meditation?

Die antiken Griechen erschufen eine mythische Gestalt, die als Symbol gelten kann für den Menschen, der unfähig ist, wahrzunehmen: Tantalos. Tantalos stand bis zu den Hüften im Wasser, und trotzdem hatte er immer Durst. Denn das Wasser wich vor ihm zurück, wenn er sich danach bückte. Um ihn herum hingen die herrlichsten Früchte, aber er konnte sie nicht erreichen. Auch sie wichen vor ihm zurück, wenn er nach ihnen griff. Er blieb hungrig. Die Götter hatten Tantalos zudem dazu verflucht, unsterblich zu sein. Darum konnte er dieser Qual nicht mit Hilfe des Todes ausweichen. Er war Hunger und Durst ausgesetzt, ohne die Chance zu haben, ihnen zu entrinnen.

So ergeht es einem unbewussten Menschen. Er wird seinen Hunger und Durst nach dem Leben niemals stillen können, denn er ist nie wirklich da. Er isst, ohne wirklich zu essen. Er geht durch die Natur, ohne anwesend zu sein. Er spricht mit anderen Menschen, ohne dabei sich und den anderen zu spüren. Er ist vom Leben nie erfüllt. Aus diesem Grund muss er sich stets "Erfolge" konstruieren, um überhaupt zu spüren, dass er da ist. Er sucht Sicherheiten in materiellen Dingen, er braucht Bewunderung, er braucht extravagante Genüsse, um überhaupt etwas zu spüren. Aber auch diese Dinge kann er nicht wirklich genießen, weil er gar nicht weiß, was es überhaupt heißt, sich auf etwas einzulassen. Er weiß nicht, dass er nur eines tun muss: sich selbst spüren. Einlassen heißt, sich zuerst auf seinen Körper einzulassen.

Würde man einem unbewussten Menschen sagen, dass darin das Geheimnis seiner Erlösung liegt, würde er denken: "*So ein Unfug. So einfach soll die Lösung sein?*" Er würde über diesen Hinweis hinweggehen. Er ist umgeben von dem ungeheuren Reichtum, den das Leben ihm offeriert - und geht leer aus, genau wie Tantalos. Solange du nicht beginnst wahrzunehmen, solange du dich nicht entschließt, wirklich Kontakt zu deinem Körper zu halten, wirst du dein Leben als Mangel erfahren. Als Mangel an Liebe, als Mangel an Mitgefühl, als Mangel an Gesundheit, als Mangel an Sinn.

Bemerkenswert ist, wie Tantalos in seine beklemmende Situation geraten ist. Es war eine Strafe der Götter. Tantalos war der wohl reichste und dabei zugleich freigebigste Mensch der Welt. Er besaß ungeheure Schätze und ließ andere nach Kräften daran teilhaben. Aber er hatte auch eine große Schwäche: Tantalos war geltungssüchtig. Er wollte unbedingt bewundert werden. Doch die Bewunderung, die er für seinen Reichtum erhielt, genügte ihm nicht. Darum lud er die Götter zu einem Festmahl ein. Er wollte damit glänzen, dass er mit Göttern zusammen in seinem Haus speiste. Die Götter nahmen seine Einladung an und erschienen zahlreich an seiner Tafel. Nun kam Tantalos auf eine aberwitzige Idee. Er wollte die Götter auf die Probe stellen. Tantalos schlachtete seinen Sohn Pelops, kochte ihn und setzte ihn seinen Gästen zur Mahlzeit vor. Auf diese Weise wollte er erfahren, ob die Götter wirklich allwissend sind. Würden sie seine Provokation bemerken?

Diese Gefühllosigkeit, die sich in dem Vorgehen Tantalos' gegen seinen eigenen Sohn ausdrückt, ist typisch für die Helden der antiken Sagen. Sie töteten, verstümmelten und verfluchten ihre nächsten Verwandten, so als wären sie Fremde. Die Helden der antiken Sagenwelt mussten sich erst durch all die Abenteuer und Entscheidungen kämpfen, damit Mitgefühl in ihnen entstehen konnte. Am Ende der griechischen Mythen steht dann Odysseus, der das absurde Verhalten seiner Mitstreiter durchschaut und für seine Zwecke auch reichlich benutzt hat - und der schließlich in der Suche nach Liebe angekommen ist. Tantalos dagegen schlachtet noch bedenkenlos seinen Sohn. Dafür erhält er von den Göttern diese symbolträchtige Strafe: Er wird verurteilt, die Bedürfnisse seines Körpers wahrzunehmen, ohne sie befriedigen zu können. Er wird bedingungslos mit seinem Durst und seinem Hunger, und so mit seinem Körper konfrontiert.

Warum ist diese Strafe tiefsinnig? Die Bedeutung liegt darin, dass du dein Mitgefühl entdecken wirst, wenn du wahrnimmst, wenn du deinen eigenen Körper spürst. Ohne Kontakt zu dir selber wirst du auch anderen gegenüber kein Mitgefühl erfahren, sondern Gleichgültigkeit oder Mitleid. Beginnst du dagegen wahrzunehmen, dann erfährst du Mitgefühl - ohne Leid. Dann sind Gleichgültigkeit und Mitleid nicht mehr möglich und auch nicht mehr nötig.

Etwas Weiteres wird sich verändern, wenn du deine Sinne auf dich selber richtest: dein Verhältnis zu deinen körperlichen Bedürfnissen. Die meisten Menschen *befriedigen* ihre Bedürfnisse. Sie essen, um ihren Hunger zu stillen. Sie schlafen, um ihre Müdigkeit und ihre Schwäche zu überwinden. Sie bauen Häuser, um den Körper vor Kälte zu schützen und um ihrem Ego eine angemessene Hülle zu geben. Sie haben Sex, um ihre Lust zu befriedigen. Das ganze Leben dreht sich für sie letztlich ausschließlich darum, auf ihre Bedürfnisse zu reagieren. Ihre Lebensenergie fließt in die Bemühung zu befriedigen, die Regungen des Körpers immer wieder loszuwerden.

Beginnst du dagegen wahrzunehmen, tritt eine feine aber grundsätzliche Wandlung ein. Du wirst nun entdecken, dass deine Bedürfnisse nicht dazu da sind, befriedigt zu werden, sondern du wirst sie als Chance begreifen, das Leben intensiv zu erfahren. Mit ihnen bietet dir Gott eine Möglichkeit, der Welt zu begegnen. Über deine

Bedürfnisse erlebst du das Dasein. Wenn du also deine Bedürfnisse lediglich befriedigst, ist es so, als ob du die Existenz beständig auslöschtest. Das, worum es geht, willst du immerzu beenden. Du willst Druck von dir nehmen.

Höre damit auf. Iss nicht mehr, nur um den Hunger zu stillen. Sondern genieße das Essen. Spüre jeden Bissen. Mache dir den Geschmack bewusst, die Konsistenz der Nahrung, den Geruch, wie sie sich auf der Zunge anfühlt, welche Temperatur sie hat, wie sie sich mit deinem Körper verbindet. Genießen heißt wahrnehmen. Ein anderes Beispiel: Du hast Sehnsucht nach deinem Partner, der sich gerade für ein paar Tage woanders aufhält. Solange du nicht weißt, was es heißt, Sehnsucht wahrzunehmen, wirst du diese als Druck erfahren. Du hältst es kaum aus, dass dein Partner jetzt nicht bei dir ist. Deine ganze Energie ist auf den Augenblick ausgerichtet, in dem er zurückkommt. Du willst deine Sehnsucht beenden, sie auslöschen, sie stillen, sie "befriedigen". Dies verhält sich wie mit dem Hunger. Das Essen soll den Hunger beseitigen, und dein Partner soll deine Sehnsucht beseitigen. Er ist dafür da, dir eine Not zu nehmen. – Damit missbrauchst du ihn aber für deine Bedürfnisse. *Seine* Freude, *seine* Energie, *seine* Erlebnisse, *seine* Sicht auf die Welt – der ganze Reichtum, den er in dein Leben bringt, wird auf diese Weise für dich unzugänglich. Hinzukommt: Wenn du die Distanz zu deinem Partner nicht erträgst, dann erträgst du auch die Nähe zu ihm nicht. Dann werdet ihr Verbundenheit nie wirklich erfahren. Wenn du dagegen wahrzunehmen beginnst, wird sich dies ändern. Dann wird deine Sehnsucht etwas ganz anderes werden. Dann wirst du sie als eine Form der Nähe zu deinem Partner erleben. Wenn du an ihn denkst, während er weg ist, wirst du nun keinen Druck mehr erleben, sondern Verbundenheit. Auch das Getrennt*sein* von ihm wird für dich zu einem Teil des SEINS, des Reichtums eurer Beziehung werden. Wenn er dann zurückkommt, wirst du diese Begegnung mit wirklicher Freude erleben, denn sie soll dir keine Not mehr nehmen. Dann wirst du deinem Partner wirklich begegnen und nicht nur dem Verlöschen deiner Sehnsucht.

Du kannst deinen Sex nutzen, um den Unterschied zwischen Befriedigung und Wahrnehmung kennen zu lernen. Bemühe dich darum, während du mit deinem Partner schläfst und vor allem während des Orgasmus', den Kontakt zu deinem Körper nicht zu verlieren. Du kannst zu deinem Herzen hinspüren oder in die Körperregionen, die auf eure Vereinigung am intensivsten reagieren, beispielsweise im Unterleib. Entscheidend ist, dass du wirklich dort, dass du wirklich in deinem Körper bleibst. Du wirst überrascht sein, wie sehr dich die Lust dazu drängt, den Körper zu verlassen. Immer wieder gehen wir von ihm weg und landen bei der Begierde, bei der Erregung. Entweder sind wir bei unserer Erregung oder in unserem Körper. Die Erregung wächst. Sie wird bald den Punkt erreichen, wo du keine Kontrolle mehr hast, wo es mit dir geschieht – du bewegst dich auf den Höhepunkt zu. Nun bleibe weiter konsequent mit den Sinnen in deinem Körper. Lass dich nicht ablenken. Gehe *bewusst* durch den Höhepunkt. Erlebe, wie stark der Drang ist, hier unbewusst zu werden. Wie ein Magnet zieht dich deine Erregung von deinem Körper weg, doch sofort wenn du deinen Körper verlierst, kehre wieder zu ihm zurück. Gehe so durch den Orgasmus. Wenn dir das gelingt, dann wird plötzlich, einige Augenblicke nach dem Höhepunkt, eine große Freiheit und Lebendigkeit in dich eintreten. Es wird eine Fröhlichkeit aus dir herauskommen. Du wirst anfangen zu lachen, so leicht und authentisch, wie du vielleicht noch nie in deinem Leben gelacht hast. Du kannst nichts dagegen tun. Erst ist es ein Glucksen, und dann wird es ein helles, strahlendes, glückliches Lachen. Dabei wirst du ein freies und glückliches Gesicht haben. Dein Partner wird möglicherweise im ersten Moment etwas erschrocken sein. Ihm wird sich der *Gedanke* aufdrängen, dass du über ihn lachst. Denn in Bezug auf Sex reagieren wir oft empfindlich. Als unsere Sexualität in der Jugend erwachte, wurden wir häufig ausgelacht oder bestraft. Deswegen wird dein Partner vielleicht etwas erschrecken, wenn du plötzlich beim Orgasmus lachst. Aber dann wird er dein glückliches Gesicht sehen, und das wird euch einander nahe bringen. Wenn er dich fragt, warum du lachst, dann sage ihm, dass du lachst, weil es so schön ist, weil du so glücklich bist. Mit diesem Lachen besitzt du einen Ausblick auf das Lachen der Buddhas.

Wenn du gelernt hast, im Wachbewusstsein wahrzunehmen, dann kannst du einen entscheidenden zweiten Schritt gehen. Nun kannst du beginnen, im Wachbewusstsein auch deine Gedanken zu beobachten. Damit beseitigst du den Schleier, der sich zwischen dich und die Realität gelegt hat, endgültig.

Übung *ZEUGE SEIN:*

Tue nun genau das, was du in der Übung *GEDANKEN-BEOBACHTUNG* mit geschlossenen Augen getan hast, mit offenen Augen. - Mache das zunächst ebenso bei einfachen Handlungen, bei denen du mit dir allein bist und dich nicht auf andere konzentrieren musst: beim Aufräumen, beim Abwaschen, beim Ordnen von Papieren, beim Spazierengehen, beim Essen. Nutze diese Situationen, um das Beobachten zu erfahren, um den Kontakt zum Beobachter, der seit Jahrhunderten darauf wartet, von dir wiederentdeckt zu werden, langsam wieder herzustellen.

Sobald dir das bei einfachen Handlungen gelingt, bietet sich eine weitere günstige Möglichkeit, dir deiner Gedanken bewusst zu werden: deine Begrüßungen. Beobachte, was du denkst, während du einem anderen Menschen begegnest. Du gehst auf jemanden zu und reichst ihm die Hand oder verbeugst dich vor ihm. Achte nun zugleich darauf, welche Gedanken dich bewegen. Du wirst erstaunt sein, welch vielfältige Erwartungen und Ängste in diesen Augenblicken durch deinen Kopf schwirren. Vielleicht ist es für dich wichtig, dass der andere dir seine Achtung zeigt. Oder du wärst enttäuscht, wenn er mürrisch, gar ablehnend wäre. Vielleicht denkst du aber auch:

"Hoffentlich fängt er jetzt bloß nicht wieder mit seinen Ausschweifungen an". Vielerlei Gedanken bedrängen uns während unserer Begrüßungen, weswegen sie eine ideale Möglichkeit bieten, das Beobachten zu üben. Bald wird dir bewusst werden, dass du praktisch noch nie einen anderen ohne eigene Erwartungen empfangen hast. Du hast deine Motive vor dir hergetragen wie eine Brille, wie einen Filter, der wirkliche Begegnungen unmöglich machte.

Wenn du deine Gedanken beobachtest, stößt du auf deine Motive. Während *Wahrnehmung* dir deine Ängste bewusst macht, führt dich die *Gedankenbeobachtung* zu deinen Handlungsmotiven. Diesen zweiten Schritt nenne ich Meditieren.

Deine Gedanken sind wie eine Mauer, die dich von der Welt und von dir selber trennt. Indem du sie beobachtest, fällt diese Barriere. Es ist nicht nötig und auch gar nicht möglich, die Gedanken ganz auszuschalten. Lasse dich nie zu dem Ehrgeiz drängen, deine Gedanken zu beruhigen. Es genügt, sie zu beobachten! Indem du deine Gedanken lediglich beobachtest, entsteht Kontakt. Das ist ein kleines Wunder.

Du kannst dir dies mit einer schlichten Übung zur Erfahrung machen. Dazu verwendest du am günstigsten eine Pflanze oder ein Gemälde. Setze dich so nahe vor dieses Objekt, dass du seine Struktur erkennen kannst. Du kannst die Äderung und die Ränder der Blätter der Pflanze oder die Pinselführung auf dem Bild genau sehen - gut eignen sich für diese Übung daher impressionistische Gemälde. Eine Möglichkeit, mit diesem Objekt intensiv Kontakt aufzunehmen, besteht darin, dass du dich auf ein Detail des Objektes konzentrierst und nicht mehr davon ablässt. Du schaust also gebannt auf ein Blatt der Pflanze und siehst ohne Unterlass ganz scharf seine Struktur: seine Maserung, seinen Rand - oder du schaust auf ein Detail des Gemäldes, auf den Pinselstrich, auf das Farbenspiel. Bedingung ist, dass du die Konturen des ausgewählten Details mehrere Minuten lang scharf ansiehst. Du hast dabei einen harten, analytischen Blick.

Dann wird Folgendes geschehen: Nach spätestens einigen Minuten wirst du zu der Pflanze oder dem Bild plötzlich eine ungewohnte Nähe erfahren. Manche bekommen das Gefühl, mit dem Objekt zu verschmelzen. Andere haben den Eindruck, dass die Pflanze oder das Bild auf sie zukämen, sie umschlössen oder einhüllten. Wieder andere haben das Gefühl, in die Pflanze einzudringen oder in das Bild geradezu hineinzugehen. Verharre in dieser Verbindung, genieße sie, solange deine Konzentration, solange dein scharfer Blick anhält.

Die andere Möglichkeit, diesen Kontakt herzustellen, besteht darin, dass du, während du das Objekt ansiehst, deine Gedanken beobachtest. Jetzt schaust du nicht mehr konzentriert auf die Pflanze oder das Bild. Im Gegenteil: Du schaust entspannt, mit weichem Blick. Du kannst sogar durch die Pflanze oder das Bild hindurch in die Ferne schauen – ohne sie ganz aus dem Blick zu verlieren. Während du auf diese Weise das Objekt siehst, beobachtest du nun deine Gedanken. Entscheidend ist, dass jetzt das Beobachten der Gedanken nicht abreißt. Wie du im ersten Versuch die Konzentration auf das Detail nicht unterbrechen durftest, so bleibst du jetzt konsequent bei der Gedankenbeobachtung! Nun wird wiederum spätestens nach wenigen Minuten dieser Kontakt entstehen. Die Pflanze oder das Bild werden auf dich zukommen. Oder du gehst in sie hinein, du verschmilzt mit ihnen.

Während du konzentriert, mit dem analytischen Blick die Pflanze oder das Bild anschaust, können sich keine Gedanken zwischen dich und dein Gegenüber drängen. Durch deine Konzentration verhinderst du genau das. Konzentration bedeutet ja, dass du nichts anderes hereinlässt. Dadurch entstehen der Kontakt, die Nähe, das Verschmelzen. Dieser analytische Blick jedoch ist eine Anstrengung, die wir nur begrenzte Zeit durchhalten können. Deswegen kannst du sie nicht immer verwenden, um dich dauerhaft von deinen Gedanken zu lösen. Das Beobachten der Gedanken dagegen ist entspannend und macht dich weit. Das kannst du, wenn du dich einmal daran gewöhnt hast, immer tun. Du lehnst dich zurück, du bist der Beobachter und die Welt kommt auf dich zu.

Dir wird das Beobachten der Gedanken im Wachbewusstsein wahrscheinlich nicht gelingen, wenn du vorher nicht die Beobachterposition in der Meditation mit geschlossenen Augen erfahren hast. Der Beobachter muss sich in dir manifestieren, bevor du zu ihm auch unter intensiven äußeren Reizen Kontakt halten kannst. Ohne dies werden dir bei dem Versuch, deine Gedanken im Alltag zu beobachten, diese wie wirre, kurz auftauchende Irrlichter erscheinen, die sich dir sofort wieder entziehen. Sie scheinen dann ungreifbar, sie spielen mit dir ihr Spiel, das du nicht einmal bemerkst. Wenn jedoch der Beobachter aufzutreten beginnt, dann wirst du der Herr im eigenen geistigen Haus sein.

Wahrnehmen heißt also, dass du deine Sinne nach innen richtest. Meditieren heißt, dass du deine Gedanken beobachtest. Wahrnehmen bedeutet, Kontakt zu halten zum Instrument deiner Seele - dem Körper. Meditieren bedeutet, dass du die Verbindung zu deiner Seele wiederfindest. Wahrnehmen macht das Leben zur Erfahrung, macht es intensiv; so nimmst du das Leben in dir auf. Ohne Wahrnehmung rauscht das Dasein unerkannt an dir vorüber. Wahrnehmen heißt einlassen, heißt hinspüren, heißt Hingabe. Wahrnehmen hat eine wesentliche Konsequenz: Du wirst weit gehend angstfrei. Das hatten wir schon angesprochen: Immer, wenn du deinen Körper spürst, hast du keine Angst. Und immer, wenn du Angst hast, hast du keinen Kontakt zu deinem Körper. Angst heißt, dass du nicht eins mit dir bist. Freude heißt, dass du eins mit dir bist.

Meditieren, also Gedankenbeobachtung, bedeutet, dass du zum *Zeugen* deiner Hingabe wirst. Dass du erkennst, dass du nicht derjenige bist, der sich hingibt, sondern derjenige, der Hingabe *erfährt*. Wenn du deine Gedanken beobachtest, dann entdeckst du nach und nach den Beobachter all deiner Erfahrungen.

Solange du nicht wahrnehmen kannst, wirst du auch deine Gedanken nicht beobachten können, denn die Wahrnehmung ist der erste Schritt. Wenn du nicht einmal zu deinem Körper hinspüren kannst, weil du fürchtest, was dort geschieht, weil du vor deinen eigenen Gefühlen Angst hast, dann wird es erst recht für dich unmöglich sein, deine Gedanken zu beobachten. Wenn du deinen Körper ignorierst, kannst du auch kein Zeuge deines Verstandes sein.

Ein Mensch, der völlig unbewusst ist, erlebt sein ganzes Dasein als einen ständigen Wechsel zwischen Wünschen und Ängsten. Er fühlt sich getrieben, auch wenn er als erfolgreich gilt. Er nimmt nicht wahr, und darum ist alles, was er erlebt, für ihn Druck. Er weicht sich selber aus.

Wenn er dann darauf zu achten beginnt, was er innen erlebt, weicht der Druck von ihm - und sein Leben wird angstloser. Er beginnt, sich einzulassen. Er beginnt zu sein, statt immer nur zu tun. Das ist die Ebene der Wahrnehmung (siehe Grafik). Er verlässt die Ebene des Tuns und des Agierens und lässt immer stärker die Ebene der Wahrnehmung zu. Im nächsten Schritt wird er zum Beobachter desjenigen, der wahrnimmt. Er beginnt zu erkennen, dass der Wahrnehmende nicht er selber ist, dass nicht er seine Gefühle fühlt und seine Gedanken denkt, sondern dass es einen Beobachter all dieser Lebensäußerungen gibt. Er wird meditativ.

Auf diesem Weg in die Bewusstheit gilt es für dich eine Entscheidung zu fällen, bei der dir niemand helfen kann, mit der du ganz auf dich allein gestellt bist. Das ist die Entscheidung, immer wieder der Beobachter deines Körpers und deines Verstandes zu sein. Du musst immer wieder daran denken, der Beobachter deines Verstandes zu sein.

Osho trug, als er Student war, Holzschuhe an den Füßen, wenn er in die Universität kam. Als der Rektor ihn fragte, warum er das

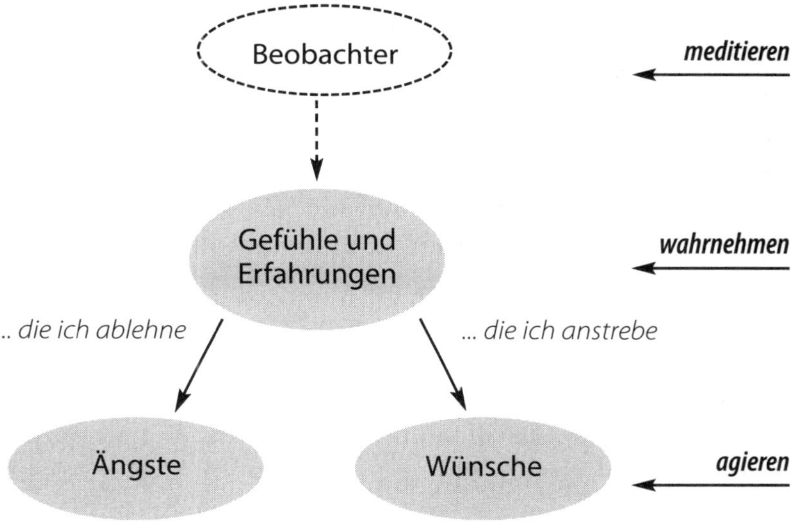

mache, antwortete er, dass ihm diese Schuhe helfen würden, bewusst zu bleiben, denn sie seien so unbequem. Sie würden ihn daran hindern, seinen Körper zu vergessen. Nisargadatta Maharaj wurde eines Tages von einem Besucher gefragt, ob die täglichen Pflichten, der Beruf, die Familie, der Kampf ums Überleben nicht ein Hindernis dabei seien, bewusst zu werden. Maharaj antwortete darauf: *"Tun sie ihre Arbeit. Wenn sie einen Moment frei haben, schauen sie nach innen. Das Wichtigste ist, die Gelegenheit nicht zu versäumen, wenn sie sich präsentiert. Wenn sie ernsthaft sind, dann werden sie ihre freie Zeit sinnvoll nutzen, das reicht aus."*

Das reicht aus. Es kommt nicht darauf an, perfekt zu sein. Es kommt nicht darauf an, dass du Dinge erzwingst, die dich überfordern. Es kommt vielmehr darauf an, dass du ein wirklich Suchender bist. Dass du dann, wenn es für dich möglich ist, dich immer wieder daran erinnerst, die Beobachterposition einzunehmen. Es wird dir am Anfang unmöglich erscheinen, dich zu beobachten, wenn du mit jemandem geschäftlich verhandelst oder wenn du beständig berufliche

Entscheidungen fällen musst. Das ist auch nicht schlimm. Aber wenn du deine Arbeit unterbrichst, oder wenn du abends im Garten sitzt, oder wenn du zu Hause deine Familie begrüßt - nutze die vielen kleinen Gelegenheiten, um es zu tun.

Eine Möglichkeit im Alltag bewusst zu sein, besteht darin, auf den *Beginn* deiner Handlungen zu achten. Unbewusste Handlungen beginnen zumeist ruckartig und plötzlich. Wie man diese nun in bewusste Aktionen umwandelt, kann man besonders beim Sport sehr schön beobachten. Beim Eiskunstlaufen und Turniertanzen richten die Sportler eine besondere Aufmerksamkeit auf den Beginn ihrer Bewegungsabläufe, um eine fließende und elegante Körpersprache zu erzeugen. Mache auch dir deine Handlungen schon an ihrem Beginn bewusst. Du sitzt beispielsweise am Schreibtisch und hast gerade etwas geschrieben. Jetzt willst du aufstehen, um in die Küche zu gehen. Solange du nicht darauf achtest, wird dieses Aufstehen eine ruckartige Aktion bleiben. Nutze genau diese Anfänge von Bewegungen, um bewusst zu bleiben. Genau dann, am Anfang bereits, nimmst du nun wahr. Deine Körpersprache wird damit viel weicher und harmonischer. In den Anfängen von Handlungen ist ein großer Genuss verborgen, der sich dir erschließen wird, sobald du sie zum Gegenstand deiner Wahrnehmung machst.

Die Illusion von der Zeit und das Ankommen im Augenblick

Hermann Hesse schildert in *Siddhartha* das Leben Buddhas. In diesem Roman lässt er einen alten und weisen Fährmann zu Siddhartha wundervolle Worte über das Wesen der Zeit sagen. Das Schicksal hatte Siddhartha für längere Zeit an eben diesen Fluss verschlagen, über den der alte Fährmann die Reisenden brachte. Siddhartha hatte sich dem Murmeln des Flusses immer wieder völlig hingegeben, war mit ihm verschmolzen, er "sprach" mit dem Fluss. Über diesen Weg der Meditation war er zu tiefen Einsichten gelangt. Eines Tages sagte Siddhartha zu dem Fährmann: "*Hast du auch vom Fluss jenes Geheimnis gelernt: dass es keine Zeit gibt?*" Der Fährmann antwortete: "*Ja, Siddhartha. Es ist doch dieses, was du meinst: dass der Fluss überall zugleich ist, am Ursprung und an der Mündung, am Wasserfall, an der Fähre, an der Stromschnelle, im Meer, im Gebirge, überall zugleich, und dass es für ihn nur Gegenwart gibt, nicht den Schatten einer Zukunft?*"

Nicht den Schatten einer Zukunft. Die Zukunft wirft noch nicht einmal einen Schatten voraus. Denn es gibt in Wahrheit keine Zeit und damit auch keine Zukunft. Es existiert nur der Augenblick. Und doch *fließt* der Fluss. Der Fluss kennt keine Zeit, nur die Gegenwart, und doch ist er voller Bewegung. Er ist nur im Augenblick, und doch kann er nur im Fließen existieren.

Für einen Physiker ist das eine absurde Behauptung, dass die Zeit verschwindet und die Bewegung bleibt, denn Bewegung ohne Zeit ist aus seiner Sicht unmöglich. Für den Physiker ist Bewegung Veränderung in der Zeit. Bewegung und Fließen ohne Zeit sind für ihn daher paradox, unsinnig. Das liegt daran, dass Wissenschaftler sich der Welt ausschließlich über die Logik nähern - und für diese ist die Welt grundsätzlich paradox. Sie muss paradox sein. Denn die Welt ist nicht logisch, Gott ist nicht logisch. Die Wahrheit ist nicht logisch.

Weil der Physiker sich der Welt über die Logik nähert, kennt er den Augenblick nicht, kennt er nicht das Verschwinden der Zeit. Denn Logik braucht Zeit. Sie braucht ein "Wenn-Dann", ein "Vorher-Nachher". Aus diesem Grunde lässt sich die Realität mit Logik nie erfassen. Mit Logik kann man Theorien erschaffen, die Realität aber wird sich früher oder später jeder Theorie entziehen.

Albert Einstein schrieb: "*Rein logisches Denken verschafft uns keine Erkenntnis über die wirkliche Welt. Alle Erkenntnis beginnt mit der Erfahrung und endet mit ihr. Alle Aussagen, zu denen man auf rein logischem Weg kommt, sind, was die Realität angeht, vollkommen leer.*" Uns wirklich einzulassen auf die Erfahrungen, die wir machen, ist der Beginn von Meditation. Und wahrhaftiges meditatives SEIN ist die Krönung, die Vollendung aller Erfahrung.

Entweder du denkst oder du bist im Augenblick. Entweder du denkst oder du bist in Meditation. Nur im Augenblick findet das ganze Leben statt. Nur im Augenblick kannst du das Leben in dich aufnehmen. Nur im Augenblick gibt es Erfahrungen. Nur im Augenblick gibt es Gefühle, gibt es Sehnsucht, gibt es Liebe, gibt es Nähe. Das alles kannst du nie in der Zeit, nie in der Vergangenheit oder in der Zukunft erleben - nur jetzt. Aus diesem Grunde ist es auch unmöglich, über Gefühle nachzudenken, ohne sie zu zerstören. In dem Moment, wo du über ein Gefühl nachdenkst, verschwindet es aus deinem Körper. Innerhalb von Sekunden ist es nicht mehr da, es hat sich aufgelöst, es ist nicht mehr auffindbar. Denn mit dem Nachdenken wechselst du aus dem Augenblick in die Zeit.

Da das ganze Leben im Augenblick stattfindet, und da Wissenschaftler immer in der Zeit forschen, können sie nie verstehen, was Leben ist. Humanmediziner, Biologen, Physiker, Chemiker, Genetiker, Philosophen - Generationen von Forschern haben in jahrhundertelangen Bemühungen nicht eine wissenschaftliche Erklärung gefunden, was Leben ist. Es gibt nicht eine ernst zu nehmende Theorie über das Wesen des Lebendigen, die den gängigen Kriterien von Wissenschaftlichkeit standhalten würde. Das Leben ist der Logik verschlossen, denn das Leben ist im Augenblick, und die Logik ist in der Zeit. Leben mit Hilfe der Logik verstehen zu wollen ist so, als würde man die Sonne in der Nacht suchen. Da wird man sie nicht finden können. Beides schließt sich gegenseitig aus. Es sind verschiedene Welten. Zuerst musst du zurückkehren aus der Nacht in den Tag.

Da die Wissenschaftler mit ihren Forschungen das Wesen des Lebendigen nicht erfassen können, treten sie die Flucht nach vorne an. Sie behaupten, es gäbe gar kein Leben unabhängig von der Materie. Es würde aus hoch organisierter Materie erst entstehen. Für sich allein hätte es keine Existenz. Die Wissenschaftler erinnern damit an den Fuchs in La Fontaines Fabel "Der Fuchs und die Trauben". Darin hat der Fuchs Appetit auf Trauben. Aber sie hängen zu hoch, als dass er sie erreichen könnte. So erklärt der Fuchs die Trauben kurzerhand als sauer - und hat damit seinen Seelenfrieden zurückgewonnen.

Wissenschaftler können sich nichts Konkretes vorstellen unter der Aussage, dass es keine Zeit gibt. Die Worte des Fährmannes an Siddhartha sind für sie nichts weiter als reine Mythologie. Sie klingen gut, sie sind romantisch, sie sind poesievoll, aber sie entbehren in den Augen des Logikers jeder Realität. Wissenschaftler ahnen nicht, dass diese Worte des Fährmanns näher an die Realität heranführen, als alle Theorien es je vermögen.

Einem Wissenschaftler jedoch ist die Wahrheit über das Fehlen der Zeit mit geradezu physischer Wucht vorgeführt worden. Oliver Sacks, ein US-amerikanischer Psychiater, hat in der Mitte des letzten Jahrhunderts hunderte Menschen behandelt und betreut, die an der so genannten Schlafkrankheit litten. Diese Schlafkrankheit ist ein erstaunliches Phänomen. Menschen, die an ihr erkranken, geraten häufig in einen geistigen Zustand, in dem ihre Körper und ihre Psychen nahezu vollkommen erstarren, so als würden sie einfrieren. Sie sitzen oder liegen oft jahre- oder gar jahrzehntelang fast bewegungslos und apathisch da, angewiesen auf vollständige Versorgung und Betreuung durch andere Menschen. Sie sind dabei unfähig, aus eigener Kraft zu ihrer Umgebung Kontakt zu knüpfen.

Am Beginn des 20. Jahrhunderts war diese Krankheit in Amerika in fast epidemischer Form aufgetreten. Ein halbes Jahrhundert später, in den Jahren, als Oliver Sacks seine Patienten betreute, entdeckte man, dass das bereits bekannte Medikament *L-dopa* eine erstaunliche Wirkung auf die Schlafkranken hatte. Mit diesem Medikament gelang es überraschenderweise, diese Patienten zu "wecken". Wenigstens für kurze Zeit kehrten diese Menschen mit völliger geistiger Klarheit in unsere Realität zurück und waren plötzlich wieder "normal". So wurde es möglich, sie zu fragen, was sie in ihrer jahrelangen Erstarrung wirklich erlebt hatten, worin ihre andere Existenz bestanden hatte. Was dabei ans Tageslicht kam, war nicht weniger als eine Sensation. Sacks beschrieb diese Erlebnisse mit seinen Patienten in seinem Buch *Zeit des Erwachens*, das als Vorlage diente zu dem Hollywoodfilm *Awakenings* mit Robert de Niro und Robin Williams in den Hauptrollen.

Sacks schildert den Fall der Rose R., einer Frau, die seit 1926, ihrem einundzwanzigsten Lebensjahr, an der Schlafkrankheit litt. Die Zeit bis zu ihrer Begegnung mit Sacks im Jahre 1966 verbrachte sie in ihrem Erstarrungszustand. Während dieser Jahre, in der Rose R. in einer "*nur ihr zugänglichen Welt eingemauert war*", wie Sacks es ausdrückt, hatte sich unsere Welt grundlegend verändert. Der Zweite Weltkrieg hatte den Globus erschüttert, die USA waren zur Weltmacht aufgestiegen und die technische Entwicklung hatte das gesamte Leben revolutioniert. Aber Rose R. ist in all diesen Jahren buchstäblich nicht gealtert. Sacks schildert das so:

> *„Ihr Zustand veränderte sich nach ihrem 30. Lebensjahr kaum, so dass sich mein Befund, nachdem ich sie im Jahre 1966 zum ersten Mal untersucht hatte, mit dem bei ihrer Einlieferung erhobenen deckte. Die alte Stationsschwester, die sie schon seit dieser Zeit kannte, sagte: ‚Es ist unheimlich, aber diese Frau ist während der dreißig Jahre, die ich sie kenne, um nicht einen Tag älter geworden. Wir alle werden älter - nur Rose ist geblieben, wie sie war.' Es entsprach der Wahrheit. Mit einundsechzig sah Miss R. dreißig Jahre jünger aus, hatte rabenschwarzes Haar, ein Gesicht ohne Falten, so als sei sie durch ihren Trancezustand (...) auf wunderbare Weise unverändert geblieben."*

Nachdem Miss R. mit Hilfe von *L-dopa* erwacht war, zeigte sie noch die Verhaltensweisen aus ihrer Jugend. Sie verwendete veraltete Redewendungen und wirkte auf ihre Umgebung wie ein "*Backfisch*" (Sacks). Darauf angesprochen sagte diese nach ihren Lebensjahren alte Frau Folgendes:

"Ich kann Ihnen sagen, an welchem Tag Pearl Harbor war oder wann Kennedy ermordet wurde. Ich habe das alles wohl aufgenommen. Aber nichts davon scheint mir wirklich. Ich weiß, dass wir 1969 haben, ich weiß, dass ich 64 bin - aber ich fühle mich wie 21, und ich fühle mich wie im Jahr 1926. Die letzten dreiundvierzig Jahre habe ich nur zugeschaut."

Noch dramatischer erscheint der Fall der Hester Y., die ebenfalls aufgrund ihrer Erkrankung jahrelang sprachlos war und sich nicht bewegte, gefangen in ihrer vollständigen "*Immobilität*" (Sacks). Nachdem man ihr *L-dopa* verabreicht hatte, geschah etwas, was medizinisch eigentlich vollkommen ausgeschlossen ist. Am elften Tag der Medikamenteneinnahme sei Hester "*ohne jede objektive oder subjektive Vorwarnung (...) explodiert*", wie es Sacks beschreibt. Sie sprang "*plötzlich auf und schritt vor den ungläubig dreinblickenden Mitpatienten den Flur der Station ab. 'He, was halten Sie davon', rief sie mit lauter, erregter Stimme.*" In den nächsten Tagen ging Hester erregt im Krankenhaus umher, verlangte statt der ihr verabreichten Suppen ein saftiges Steak, das sie ohne Kau- und Schluckbeschwerden genießen konnte. Sie schrieb ferner mit ihrer rechten Hand, die ebenfalls von der jahrelangen Erstarrung erlöst war, Notizen in ein Tagebuch.

Wenn sich jemand ein Bein bricht und dadurch gezwungen wird, das Bein im Gips auch nur wenige Wochen ruhig zu stellen, dann verliert er in dieser Zeit sein Gefühl für das Bein. Nach der Heilung wird er den Gebrauch des Beines regelrecht wieder erlernen müssen, wie ein kleines Kind, das noch nie laufen konnte. Dieser neue Lernprozess kann wochen- oder sogar monatelang dauern. Genauso verhält es sich, wenn jemand lange Zeit Hunger litt, dann muss er sehr vorsichtig wieder an eine vollwertige Nahrung herangeführt werden. Würde man ihm ohne Übergang normale Speisen geben, könnte ihn das umbringen.

Doch bei Hester, die jahrelang bewegungslos war, geschah etwas völlig anderes - etwas, das unseren bekannten Naturgesetzen direkt entgegensteht. Wie von einem Schalter ausgelöst, konnte sie ohne Schwierigkeiten aufstehen. Ihre Motorik war vollständig präsent. Selbst ihre Verdauung war in keiner Weise eingeschränkt. Sacks beschreibt seine Verwunderung darüber so:

> *"Der Eindruck der Überwältigung wurde um so deutlicher, je mehr ich über den Fall nachdachte, bis ich erkannte, dass all meine Gedanken (...) über Aktivität, über Dasein und über die Zeit von Grund auf revidiert werden mussten (...). Es gab für Hester kein 'Fließen der Zeit', sie war (...) zugleich tätigkeits-los, daseins-los und zeit-los (...). Bei Hester (...) war es so, als ob der ontologische Strom, der Daseins-Strom, plötzlich 'abgeschaltet' und ebenso plötzlich wieder 'angeschaltet' worden sei, und zwar ohne Verlust von Tätigkeitsmustern und ohne die Notwendigkeit, sie später wieder zu lernen - weil für sie keine Zeit verflossen war."*

Es gibt keine Zeit. - Lass dies tief in dein Bewusstsein einsinken. Zeit ist eine Illusion, die deine Seele erfunden hat, um Schicksal erfahren zu können. Zeit ist nicht real. Deswegen sind all deine Versuche, etwas über die Zeit zu retten, zum Scheitern verurteilt. All deine Versuche, Sicherheiten zu erringen, beziehen sich auf die Zeit. Sicherheit ist ohne Zeit sinnlos. Und Zeit ist ohne Sicherheit sinnlos. Sicherheiten zu suchen, zerstört den gegenwärtigen Augenblick.

Was kannst du tun, um Zeitlosigkeit immer mehr in dein Leben vordringen zu lassen? Wahrnehmen beendet die Zeit; darüber hatten wir schon gesprochen. Wenn du bei dir bist, verliert die Zeit ihren Einfluss auf dich. Bleibe bei deinem Körper. Wenn du beispielsweise mit dem Fahrrad fährst und währenddessen zu deinem Körper spürst, dann bist du ganz da. Auf einmal fährst du ewig Fahrrad, es ist alles ein einziger Moment. Wenn das geschieht, erfährst du wirklich Freude. Ebenso fließt der Fluss ohne jede Notwendigkeit von Zeit. Der Beobachter ist außerhalb der Zeit. Er ist ohne Zeit. Das wird für dich zu einer Gewissheit werden.

Das Zweite, was es zu verstehen gilt: Leid findet immer in der Zeit statt, während Freude im Augenblick stattfindet. Wenn das JETZT in dich eintritt, wenn du es in dich eindringen lässt, dann tritt die Freude in dich ein. Jedoch immer dann, wenn du leidest, bist du in der Vergangenheit oder in der Zukunft gefangen. Entweder haben dich Ängste aus der Vergangenheit im Griff - zumeist aus der Kindheit -, oder du machst dir Gedanken über ein mögliches Problem in der Zukunft. Bisher versuchst du, Ängste zu analysieren, neue Strategien zu entwickeln, dein Verhalten zu verändern. Die Botschaft der Meditation lautet: Lass all diese Bemühungen sein und komme im Augenblick an. Dann hört das Leid auf. Dann bist du augenblicklich wieder vollständig, wieder "heil".

Zeit erscheint in deinem Bewusstsein immer nur, wenn du sie fürchtest. Ohne Furcht würde Zeit für dich nicht existieren. Zeit und Angst sind Zwillingsbrüder, die gemeinsam geboren werden und die gemeinsam sterben müssen.

Glück gibt es nur im JETZT. Alle Bemühungen, sich Glück in der Zukunft zu sichern, sind sinnlos. Alle Umwege führen nicht zum Glück. Glück ist nur direkt zu haben.

Wenn du im JETZT angekommen bist, dann hat sich für dich auch ein für alle Mal die Frage nach dem Sinn des Lebens erledigt. Dann wirst du so erfüllt sein, dass du dann weißt: Die Suche nach dem Sinn des Lebens war lediglich ein Umweg. Der Sinn des Lebens ist der Augenblick.

Am Beginn dieses Buches stand das Gleichnis von der Eifersucht. Stephan war zu dem weisen alten Mann gefahren, um sich einen Rat zu holen, wie er seine Eifersucht und seine Existenzängste loslassen könne. Diese Geschichte hat noch eine Fortsetzung. Der Alte hatte erkannt, dass Stephan ein wahrhaftig Suchender war. So gab er dem jungen Europäer die Möglichkeit, noch eine zweite Frage zu stellen. Stephan nutze diese Gelegenheit, um den Weisen zu fragen, was ihm schon lange auf dem Herzen lag.

"In der Meditation", sagte Stephan, *"habe ich oft bemerkt, dass die Zeit verschwindet. Dann bin ich zeitlos. Das ist völlig real. Dann ist es völlig klar, dass keine Zeit existiert. Aber wenn die Meditation beendet ist, wenn ich zurück bin im Alltag, dann ist die Zeit wieder da. Ich erledige nacheinander die Dinge, dann fühle ich mich wieder gehetzt, dann werde ich älter. Das verstehe ich nicht, diese Existenz von zwei entgegengesetzten Erfahrungen. Ich verstehe nicht, wie das zusammenkommt."*

"Du versuchst, den Widerspruch durch Nachdenken zu lösen", sagte der Meister. *"Aber mit Nachdenken kannst du die Zeitlosigkeit nicht verstehen. Du machst zwei Erfahrungen, eine mit Zeitlosigkeit und eine mit der Zeit. Nimm beide Erfahrungen an. Nimm sie einfach an, ohne sie zu werten, ohne sie durch Denken zu zerstören."*

Er ließ Stephan Zeit und sah, wie es in dem jungen Mann arbeitete. Stephan spürte mit allen Sinnen zu seinem Gegenüber hin, weil er verstehen wollte.

Dar Alte war ein sehr weiser Mann. Er wusste, dass Stephan das Wesen der Zeit bald wirklich erfassen würde. Aber er wusste auch, dass die Zeit und das Denken wichtige Erfahrungen für Stephan sind. So baute er Stephan eine Brücke.

"Wenn du dich der Zeitlosigkeit über die Logik nähern möchtest, dann stelle dir eine Frage", sagte der Meister. *"Frage dich: Angenommen, es wäre wahr, dass die Zeit und das Fließen der Zeit Illusionen sind, welche Konsequenzen hätte das für dich? Welche Konsequenzen hätte dies beispielsweise für deine Begegnungen mit deiner Freundin oder für deinen Umgang mit den Drohbriefen von der Bank?"*

Mit allen Sinnen, mit aller Aufmerksamkeit bemühte sich Stephan darum, diese Worte zu verstehen.

"Wenn nur der Augenblick zählt", antwortete Stephan langsam, *"dann bedeutet dies, dass nichts anderes möglich ist, als anzunehmen, was geschieht. Als alles anzunehmen. Die Nähe zu meiner Freundin, die Eifersucht und die Aufregung, die mir die Drohbriefe bringen. Es zu nehmen ohne Kampf. Dann liegt das ganze Geheimnis darin, zu wissen, was ‚Annehmen' wirklich bedeutet."*

In die tiefen und zeitlosen Augen des Weisen kam ein fröhliches Leuchten.

Den Kopf verlieren

Bereits mit der ersten Übung *KÖRPERBEOBACHTUNG* hattest du eine bemerkenswerte Erfahrung gemacht: Deine Gedanken trennen dich von deinem Körper. Entweder du bist im Kopf oder im Körper. Wenn du im Kopf bist, hast du also deinen Körper verloren. Und wenn du deinen Körper ignorierst, dann ignorierst du auch deine Gefühle. Verleugnete Gefühle jedoch erlebst du, wie gesagt, als Angst. Um diese Angst in den Griff zu bekommen, machen die Menschen genau das Falsche – sie versuchen die Angst zu überwinden, indem sie über sie nachdenken, indem sie sich immer mehr im Kopf verankern. Sie versuchen, die Angst zu analysieren und Ursachen zu finden. Sie versuchen, etwas über ihre Angst zu verstehen. Aber alles das kann die Angst nicht beseitigen. Die wenigsten gehen den Schritt, der ihnen tatsächlich die Angst nehmen würde: Kontakt mit ihrem Körper aufnehmen, sich wirklich auf das Leben einlassen. Nur Einlassen kann dir helfen, Angst zu überwinden. Über Angst nachzudenken ist lediglich eine Flucht. Wenn du über das Leben grübelst, dann weichst du ihm aus. Du versuchst das Leben zu verhindern, indem du danach strebst, es durch Nachdenken zu verstehen.

Du kannst darüber nachdenken, wie es ist zu lieben. Du kannst darüber nachdenken, wie ein Gericht schmeckt - oder du liebst und isst wirklich. Du kannst darüber nachdenken, wie es ist, Nähe zu erfahren - oder du lässt Nähe zu. Du kannst darüber nachdenken, warum du einen Konflikt hast - oder du gehst auf den Konflikt zu, trägst ihn aus und erfährst ihn auf diese Weise. Du kannst darüber nachdenken, warum du leidest - oder du kannst dich auf das, was dir Leid verursacht, einlassen. Das Nachdenken vergrößert dein Leid. Denn Nachdenken bedeutet nicht zuzulassen - es ist Abwehr, Kampf. Und genau deinen inneren Kampf erlebst du als Leid. Einlassen dagegen löst Leid auf.

Von deinen ersten Lebenstagen an hat man dich auf das Denken konditioniert, denn deine Gefühle waren eine Gefahr. Gefühle kann man nicht kontrollieren. Deine Spontaneität, deine Wildheit, deine Traurigkeit, deine Fantasien - sie waren nicht erwünscht. Sie waren eher eine Last, eine Anstrengung für die Erwachsenen. Anstrengend darf ein Kind nicht sein. Als "gut erzogen" gilt ein Kind, das den Kontakt zu seinen Gefühlen verloren hat. Es ist angekommen in der Erwachsenenwelt. Ein "gut erzogenes" Kind ist ein Mensch, der zu früh erwachsen geworden ist - damit die Erwachsenen leichter mit ihm umgehen können. So hat man dir von klein auf beigebracht, dass du Sicherheiten gewinnst, wenn du *denkst*, wenn du etwas *verstehst*. Du wurdest im Kopf zentriert. Und bis heute suchst du Sicherheit in deiner Ratio. Es gibt kaum Menschen, die noch einen natürlichen Zugang zu ihrem Körper haben. Besonders ausgeprägt ist diese Trennung von Kopf und Körper bei Wissenschaftlern und Künstlern. Du glaubst, wenn du eine Ursache gefunden hast, dann weißt du irgendetwas. Du glaubst, wenn du eine Situation analysiert hast, dann wäre etwas gewonnen. Immer, wenn du das Leben fürchtest, dann fängst du an zu denken.

Eine radikale Methode, die Fixierung auf den Kopf zu durchbrechen ist die Vorstellung, du hättest gar keinen Kopf. Folgende kleine Übung habe ich bei Osho gefunden, und sie hat vielen dabei geholfen, ihren Körper wiederzuentdecken. Sie ist einfach, wirkungsvoll und obendrein macht sie auch richtig Spaß:

Übung *DEN KOPF VERLIEREN.*

Stelle dir vor, du hättest keinen Kopf! Du läufst herum, als hättest du keinen Kopf. Du tust deine Arbeit und hast keinen Kopf. Selbst wenn du isst, wenn du also die Nahrung "in den Kopf" hineinsteckst, tust du so, als hättest du keinen Kopf. Auch wenn du dich im Spiegel anschaust, stelle dir vor, du hättest keinen Kopf.

Diese Übung gelingt leichter, als es zuerst scheinen mag. Sie ist sehr wirkungsvoll. Kinder verstellen sich gerne als Tier. Sie spielen "Zoo" oder "Safari" - und sie nehmen dafür die Rolle eines Tieres ein. Einer ist ein Löwe, der andere eine Hyäne. Sie kriechen auf allen Vieren herum und imitieren ihr Lieblingstier, und nach kurzer Zeit dieses Spiels fühlen sie sich wirklich wie das Tier, das sie nun verkörpern. Sie verfallen dabei in ganz typische Bewegungen und Laute, die genau ihrem Tier eigen sind. Wenn du eine bestimmte geistige Haltung einnimmst, dann beginnst du nach kurzer Zeit, diese Haltung mit dem Körper und mit deiner gesamten Verfassung auszudrücken. Deswegen wird es dir auch gelingen, ohne Kopf zu leben. Du musst es nur wirklich versuchen!

Das wird für dich wichtige Konsequenzen haben. Denn dann wirst du deinen Körper wieder entdecken. Das ist der einzige Ausweg, der deinem Unterbewussten dann noch bleibt. Du verlierst deinen Kopf und bist damit gezwungen, etwas anderes zu finden - deinen Körper. Damit kehrst du zurück zu deinen authentischen Gefühlen. Viele meiner Klienten, die bislang von ihren Gefühlen praktisch völlig abgeschnitten waren, die auf die Frage, was ein bestimmtes Ereignis in ihrem Körper auslöst, keine Antwort finden konnten, haben mit Hilfe dieser Übung rasch zu ihrem Körper gefunden. Sie begannen wieder zu fühlen. Wenn du den Kopf aufgibst, dann kommst du wieder im Fühlen an.

Als Physiker kenne ich den Genuss, den das Denken bereiten kann. Es gibt jedoch einen noch größeren Genuss, den das Denken dir bereiten kann: das Denken loszulassen. Das ist so, als wärst du unter Wasser getaucht worden und daran fast erstickt. Dir ist die Luft knapp geworden, du warst kurz vor dem Erstickungstod. – Nun tauchst du wieder auf und holst zum ersten Mal Luft. Dieses erste Luftholen, diesen Befreiungsschlag erlebst du, wenn du zum ersten Mal die Ratio bewusst verlässt. Du warst gefangen in deinem Denken, du bist daran fast erstickt. Nun, wo du dich nicht mehr daran klammerst, atmest du auf.

Wenn du deinen Kopf verlierst, entdeckst du nicht nur deinen Körper und deine Gefühle wieder. Du wirst dich damit auch wieder deinem Herzen zuwenden. Du wirst wieder im Brustkorb, in deinem Herzen zentriert werden. Du entdeckst also die Liebe wieder. Damit öffnet sich dir eine Tür zum Paradies ...

Entdecke dein Herz

Folgende Geschichte ist offenbar wirklich geschehen: Stephan trennte sich von seiner Partnerin, mit der er viele Jahre lang zusammengelebt hatte. Er liebte sie zwar immer noch und konnte seine Liebe auch im Abschied nicht verleugnen - aber die gemeinsame Zeit war vorbei. Sie mussten von nun an getrennte Wege gehen, um sich weiterentwickeln zu können. In den letzten beiden Jahren hatte es viel Streit gegeben, mehr Streit als Gemeinsamkeit. Stephan erkannte, dass diese Auseinandersetzungen ein Zeichen dafür waren, dass jeder für sich ein neues Leben beginnen würde.

Stephan galt als ein bisschen trottelig, weil er so gutmütig war. Seine Freunde sagen zu ihn: "*Du lässt dich viel zu sehr missbrauchen. Von den Angestellten in deiner Firma, von deiner Frau und sogar von uns.*" Diese Gutmütigkeit Stephans nutzte seine Frau während ihrer Trennung aus, um sich materiell so viel wie möglich zu sichern. Am Beginn der Trennung verlangte sie von ihm, dass sie in dem gemeinsamen Haus weiterleben könne, und dass Stephan sich ein neues Zuhause suchen müsse. Dann erwartete sie, dass auch die Möbel in dem Haus bleiben müssten. "*Denn ich verdiene ja nie so viel Geld, um mich wieder so schön einrichten zu können*", sagte sie. Schließlich hatte sie sich auch noch durch einen kleinen, nicht ganz astreinen Trick das große Aktienpaket gesichert, ohne dies mit Stephan zuvor abgesprochen zu haben. Als er die Manipulation bemerkte, sagte sie zu ihm: "*Ich brauche doch auch Rücklagen, sonst kann ich das Leben, das ich durch dich gewöhnt bin, ja gar nicht weiter bezahlen.*"

Zuerst wollte Stephan gegen diese Übergriffe vorgehen, er wollte sich dagegen zur Wehr setzen. Aber dann ließ er es doch geschehen. Er wusste, dass seine Frau große Angst vor dem Alleinsein hatte und dass sie sich wegen der Trennung minderwertig fühlte. In den materiellen Dingen, um die sie hier kämpfte, und vor allem in den kleinen Siegen, die sie gegen ihn errang, suchte sie Sicherheit und emotionalen Halt. Stephan sah für sich nur eine einzige Möglichkeit, ihr seine Liebe noch zeigen zu können: Er konnte nur ihren Forderungen nachgeben. Er dachte: "*Sie muss ein ganz neues Leben beginnen. Sie hat nichts. Ich habe meine Firma, meine Mitarbeiter und vor allem meine Ideen und Pläne, die ich verwirklichen will. Sie hat das alles nicht, sie muss ganz von vorne anfangen.*" Und so überließ er ihr, was sie verlangte, obwohl seine Frau immer unverschämtere Forderungen stellte und ihn damit selbst in Schwierigkeiten brachte. Sie merkte ja, dass es funktionierte, dass er sich ausnutzen ließ. Stephans Freunde wunderten sich einmal mehr über ihn. Sie sagten: "*Typisch Stephan. So bringt er es nie zu etwas!*"

Obwohl sie schon getrennt waren, fuhren Stephan und seine Frau noch einmal gemeinsam zu einem Familienfest bei seinen Eltern. Es ist immer wieder derselbe Fehler: Die Familie wird benutzt, um die Trennung noch etwas hinauszuzögern. Auf der Autofahrt zu dieser Feier gerieten Stephan und seine Frau unverschuldet in einen Verkehrsunfall. Sie beide starben.

Plötzlich fanden sie sich im Himmel wieder – immer noch zu zweit. Erst konnten sie sich auf der Erde nicht trennen, und dann sind sie zusammen in den Himmel gekommen. So ist das manchmal im Leben. Sie liefen also etwas ratlos im Himmel herum, weil sie nicht richtig wussten, was sie jetzt tun sollten. Auf einmal sahen sie in der Ferne einen Pfeil - wie ein Verkehrsschild. Sie gingen zu dem Pfeil, auf dem stand: "*In dieser Richtung geht es zum Paradies.*" "Aha," sagten sie sich, "jetzt wissen wir ja wenigstens, wohin wir müssen." Sie liefen eine ganze Weile in die Richtung, die der Pfeil gewiesen hatte. Nach einem langen Fußmarsch dachten sie, sie müssten dem Paradies schon sehr nahe gekommen sein, denn sie konnten das Paradies bereits riechen. So wie man auf der Erde von weitem das Meer riechen kann, so kann man im Himmel das Paradies riechen. - Sie glaubten, schon fast am Ziel zu sein.

Da kam ihnen ein Engel entgegen. Er war schwarz gekleidet und hatte ein freundliches Gesicht. Der Engel sagte zu Stephan und dessen Frau: "*Bevor ihr weitergeht, bevor ihr euch die Mühe macht, bis zum Paradies zu laufen, muss ich euch etwas sagen. Denn es ist noch ein ganzes Stück zu laufen, und vielleicht macht ihr euch die Mühe umsonst. Ich weiß, dass ihr dachtet, ihr wäret schon fast da. Aber es ist noch ein ziemlich langer Weg. Was ich euch sagen will ist, dass ihr nicht ins Paradies gelangt, wenn ihr nicht irgendetwas mitbringt. Am Eingang zum Paradies müsst ihr etwas von euch hergeben, sonst ist euch der Weg hinein verschlossen.*"

Der Engel sah Stephan und dessen Frau ruhig an. Stephan und seine Frau sahen sich ebenfalls an. Erst sahen sie sich gegenseitig an, und dann sahen sie jeder an sich selbst hinunter. Sie waren fast durchsichtig. So durchsichtig, dass es sie eigentlich nicht richtig gab. Sie hatten nichts bei sich, was sie am Eingang zum Paradies hätten abgeben können. Stephans Frau begann nervös zu werden. Stephan wusste, dass sie, wenn sie sich hilflos fühlte, schnell laut und hysterisch wurde. Seiner Frau ging es auch wirklich nicht gut. Sie hatte da unten auf der Erde die Trennung von Stephan benutzt, um sich ein so schönes Vermögen anzueignen. Sie hätte sich auf ein sorgloses Dasein freuen können. Fast alle Dinge dieser Welt hätte sie sich leisten können. Und jetzt stand sie hier und hatte nichts bei sich, um in dieses verdammte Paradies eingelassen zu werden.

Die Frau sagte zu dem Engel mit nervöser Stimme - fast schrie sie ihn an: "*Also ich habe alles zurückgelassen. Ich habe nichts zu geben. Wie soll ich da ins Paradies kommen?*"

"*Das weiß ich nicht*", antwortete der Engel.

"*Komme ich dann in die Hölle?*", fragte die Frau.

"*Es gibt keine Hölle. Außer der, die du selber erschaffst*", antwortete der Engel.

"*Aber wo soll ich dann hingehen, wenn ich nicht ins Paradies kann?*", fragte die Frau und wurde dabei immer lauter.

"*Das weiß ich nicht*", antwortete immer noch ganz ruhig der Engel. "*Ich habe dir nur die Botschaft zu überbringen, dass du am Tor zum Paradies etwas vorweisen musst. Sonst kommt du nicht hinein.*"

Die Frau schrie: "*Was soll ich denn jetzt machen?*" Aber der Engel war schon entschwunden.

Stephan hatte das Gespräch zwischen seiner Frau und dem Engel aufmerksam verfolgt. Seine Frau tat ihm leid. Erst hatte sie sich mühsam das Vermögen erkämpft, und nun stand sie wieder hilflos da. "*Sie erlebt immer dieselbe Not*", dachte Stephan, "*immer braucht sie etwas.*" Er empfand ein tiefes Mitgefühl für sie, aber er konnte nichts tun. Er besaß ja selbst nichts mehr. Er konnte ihr jetzt nicht mehr helfen. Ihm waren die Hände gebunden. Diese seine Hilflosigkeit empfand Stephan als eine große Nähe zu ihr.

Seine Frau sah, wie Stephan so dastand, mit diesem trotteligen Gesicht. Seine naiven Augen, die er immer hatte, wenn er sie so ansah, hatte sie noch nie ausstehen können.

"Was stehst du so blöd rum", sagte sie zu ihm. *"Tu doch irgendetwas. Du hast doch auch nichts zu geben."*

"Doch, ich habe etwas zu geben", sagte Stephan leise. *"Ich habe meine Liebe zu dir. Ich werde meine Liebe für dich geben."*

Seine Frau starrte ihn entgeistert und ungläubig an.

Nach einer kleinen Pause sagte Stephan zu ihr: *"Ich kann dir etwas von meiner Liebe abgeben. Dann hast auch du etwas vorzuweisen im Paradies."*

"Wie soll das gehen?", fragte seine Frau in einem sowohl ratlosen wie auch genervten Tonfall.

Da wusste Stephan, dass er seiner Frau nicht helfen konnte. Er hatte ihr das Haus, das Geld und alle Möbel gelassen. Aber jetzt konnte er nichts mehr für sie tun. Sie wusste nicht, wie man Liebe gibt. Und darum wusste sie auch nicht, wie man Liebe annimmt. Sie war sogar im Himmel einsam.

Stephan verabschiedete sich von seiner Frau. In dem Wissen, was jetzt kommen würde, empfand er bei diesem letzten Abschied noch einmal eine große Nähe zu ihr. Dann ging er allein weiter - dem Paradies entgegen.

Seine Frau bekam einen hysterischen Anfall. Sie schrie: *"Komm zurück."* Sie schrie: *"Was soll ich jetzt tun?"* Dabei stampfte sie mit dem Fuß auf. Stephan jedoch ging seinen Weg. Und dann machte die Frau einen Kopfsprung. Sie machte einfach einen Kopfsprung. Sie wusste nicht, wohin sie sprang. Ich weiß auch nicht, warum sie überhaupt auf die Idee kam, einen Kopfsprung zu machen. Er war wahrscheinlich ihre einzige Möglichkeit, ihrer Wut und ihrer Ratlosigkeit auszuweichen. Der Sprung war der einzige Weg, um im Himmel ihren Druck loszuwerden. Sie sprang also mit dem Kopf voran. - Dann wurde sie auf der Erde wiedergeboren als ein energievolles und ziemlich zänkisches Mädchen, das später, als es laufen gelernt hatte, manchmal aus Wut mit dem Fuß aufstampfte.

Es gibt zwei Wege, um ins Paradies zu gelangen. Der eine Weg besteht darin, dass du zum Beobachter deines Verstandes wirst. Der andere Weg ist der Weg der Liebe. Den ersten Weg vertraten die Asiaten, Buddha, Laotse, die ZEN-Tradition. Den zweiten Weg, den Weg vom Herzen her, vertrat Jesus.

Welchen Weg du gehst, ist nicht relevant. Du wirst es selber spüren, welcher Weg dich rascher und umfassender voranbringt. Beide Wege führen zum Ziel. Beide Wege führen auf dieselbe Landschaft. Wenn du die neue Landschaft betreten hast, dann ist es so, als wärst du beide Wege gegangen. Dann bist du der Zeuge deines Verstandes. Und du hast entdeckt, was Mitgefühl und Liebe bedeuten - du hast entdeckt, was Jesus mit der Bergpredigt meinte.

Warum führen das Zulassen von Mitgefühl und Liebe zu demselben Punkt wie das Beobachten des Verstandes? Warum führen sie ebenso zur Bewusstheit? Dies liegt daran, dass beide Wege dich über das Ego hinausführen. Das Beobachten trennt dich von deinen Gedanken und deinen Motiven. Du kommst zur Ruhe, du kommst zur Mitte. Die Gedanken beobachten, heißt das Ego zu beobachten. Das Ego hört auf, dich zu beherrschen, deine Handlungen zu dirigieren. Denn du bist sein Beobachter. Du bist der Herr im Haus. Ebenso trennt dich Liebe von deinen Motiven. Das ist ihr Wesen. Denn was heißt es zu lieben? Lieben ist das Gegenteil von Ablehnen. Was du liebst, lehnst du nicht ab. Zu lieben bedeutet also zu akzeptieren. Wenn du einen anderen Menschen liebst, dann heißt das, dass du ihn akzeptierst, wie er ist - mit allem. Wenn du dich liebst, dann heißt das, das du dich akzeptierst, wie du bist - mit allem. Das, was du an dir nicht akzeptierst, das liebst du nicht. Und das, was du liebst, das akzeptierst du. Du akzeptierst es ja nicht nur, du liebst es, du lässt es ganz nah an dich heran. Wenn du dich liebst, kommst du also ganz nah an dich heran.

Das ist auch der Grund, warum das Leben so intensiv wird, wenn du einem geliebten Menschen gegenüberstehst und dein Herz pocht. Denn du wirst geliebt, du wirst akzeptiert. Das hilft dir, dich selbst zu akzeptieren. Durch die Liebe des anderen kommst du dir selbst nahe, ganz nahe. Du kommst auch deinem Körper nahe, womit du ihn wahrnehmen kannst. Und durch Wahrnehmung wird die Welt intensiv.

Wenn du liebst, akzeptierst du dich also, wie du bist. Wenn du einsam bist, akzeptierst du also auch die Einsamkeit. Nur wenige Menschen können Einsamkeit lieben. Wenn du voller Freude bist, akzeptierst du die Freude. Nur wenige Menschen können sich wirklich auf Freude einlassen. Wenn du dich ohnmächtig fühlst, liebst du auch deine Ohnmacht. Nur wenige Menschen können Ohnmacht wahrnehmen oder gar bewusst zulassen. Was immer mit dir geschieht, du akzeptierst es. Wenn du liebst, wird das ganze Leben zur Fülle. Damit tritt aber eine entscheidende Wandlung ein[2]. Da du akzeptierst, was ist, hörst du auf, ein Bedürftiger zu sein.

Bisher bist du vielleicht Beziehungen eingegangen, weil du Angst hattest vor Einsamkeit. Als Liebender brauchst du das nicht mehr, denn mit deiner Einsamkeit bist du längst ausgesöhnt. Bisher bist du vielleicht Beziehungen eingegangen oder hast sie krampfhaft in die Länge gezogen, um deine materielle Existenz zu sichern. Als Liebender brauchst du das nicht mehr, denn du kannst dich auch als unsicheren Menschen lieben. Alle deine Motive, warum du dich bisher auf andere Menschen eingelassen hast, hören auf, wenn du liebst. Du brauchst nichts mehr von dem anderen - und damit wirst du selbst zum Gebenden. Es geht nicht mehr um dich. Weil du selbst zum Gebenden wirst, führt dich Liebe über dein Ego hinaus.

Die Ausdrucksform der Liebe ist GEBEN, während die Ausdrucksform der Angst NEHMEN ist. Aus diesem Grund besaß Stephan in

---

[2] Ausführlich ist dieser Schritt aus der Bedürftigkeit heraus besprochen in: Frank Lassner: "Im Auge des Orkans" Teil II, Kapitel "Bewusstheit und Beziehungen".

unserer Geschichte etwas, was er am Eingang zum Paradies vorweisen konnte. Er hatte etwas zu geben. Er selbst bestand nur noch aus Energie, er besaß nichts mehr - aber er hatte erkannt, was Liebe ist. Das Wertvollste, was du aus deinem Leben über den Tod hinaus mitnehmen kannst, sind deine Erfahrungen - das, was du wahrgenommen hast - und die Fähigkeit zu lieben. Die Dinge, um die die meisten Menschen in ihrem Leben kämpfen, die sie für erstrebenswert halten, sind beim Übergang in die andere Welt vollkommen nutzlos: Macht, materielle Sicherheiten, Statussymbole. Jesus sagt: "*Sammelt Schätze im Himmel und nicht auf der Erde.*" In diesen Worten drückt sich das Wissen darüber aus, was mit dir geschehen wird, wenn du stirbst. Stephan hatte seine Fähigkeit zu geben ins Paradies mitgebracht. Genau diese Fähigkeit wollten die Wächter an den Eingangstoren von ihm ausgehändigt bekommen. Er konnte nur ins Paradies eintreten, indem er auch das noch hergab. Das ist das letzte Hinübergehen. Am Schluss wirst du auch noch zum Beobachter deiner Fähigkeit zu lieben. Damit lässt du auch die Liebe los. Dieses letzte Abgeben ist die Aufforderung der Wächter am Tor zum Paradies. Aus der Sicht vollkommener Bewusstheit war sogar die Liebe noch ein Zwischenschritt. Lieben zu können war dein letztes Motiv. Auch das lässt du los. Damit stehst du im Paradies.

Warum glaubte Stephans Frau, am Eingang des Paradieses nichts hergeben zu können? Ich gehe davon aus, dass die Wächter an den Eingangstoren Stephans Frau ins Paradies hineingelassen *hätten*, denn sie hatte etwas sehr Wichtiges von der Erde mitgebracht: ihre Erfahrungen mit Angst und Groll - auf Stephan. Ich glaube, das wäre im Paradies nicht nur akzeptiert, sondern als wirklich wertvoll angesehen worden. Warum konnte sie ihre Angst und ihren Groll nicht einfach am Eingang zum Paradies abgeben? - Weil Angst und Groll eben genau ein Ergebnis des Nicht-Geben-Könnens sind. Stephans Frau hätte ihre Angst nicht hergeben können, denn ihre Angst war ihre Sicherheit. Stephans Frau hielt an ihr fest. So wie sie an Stephan festhielt, den sie eigentlich nicht liebte, so wie sie an dem Haus und an den Aktien festhielt, so hielt sie an ihrer Angst fest. In dem Moment, wo sie ihre Angst hätte hergeben können, wäre dieses Gefühl keine Angst mehr gewesen. Dann wäre Stephans Frau mit sich selbst ausgesöhnt gewesen. Und sie hätte in diesem Augenblick sogar ihre erste Erfahrung mit Liebe gemacht.

Da Angst festhalten will, ist es für sie unerträglich, wenn sie auf Liebe trifft. Aus diesem Grund halten es unbewusste Menschen nicht aus, wenn sie jemandem begegnen, der sie wirklich liebt. Alle glauben, sie suchten nach Liebe. Aber sie täuschen sich. Es gibt kaum etwas Unerträglicheres als einen, der wirklich liebt. Denn Angst klammert, und Liebe lässt frei. Das kann die Angst kaum fassen. Angst kann mit dem Freigeben einfach nichts anfangen. Die Angst sagt bei einer solchen Begegnung nicht: *Ich* habe Angst und der andere liebt, und damit habe ich ein Problem, sondern die Angst suggeriert dir: "*Der andere gibt nur vor, dich zu lieben. Aber er hintergeht dich, er ist nicht ehrlich.*" Angst sucht ein plausibles Argument, um sich auf Liebe nicht einlassen zu müssen. Denn die Angst würde, wenn sie sich der Liebe aussetzt, sterben. Sie würde verschwinden. Das will sie um jeden Preis verhindern. Die Angst will, dass ihre Spiele von Halten und Klammern, von Vorwurf und Sicherheit gespielt werden, denn diese Spiele erhalten sie am Leben. Sie ist sehr erschrocken darüber, dass der wirklich Liebende diese Spiele einfach nicht mitmacht. Deswegen muss sie dir einreden, dass der Liebende für dich gefährlich sei.

Das wichtigste Argument, dass dir die Angst suggeriert, ist, dass du dem, der dich liebt, gleichgültig seist. Denn der Liebende klammert dich nicht, er hält dich nicht fest. Doch Angst will sich sicher fühlen, indem sie festgehalten wird. Sie will sich sicher fühlen, indem sie den anderen festhält. Genau das sagt sie dir dann: "*Dein Partner liebt dich nicht, denn er lässt dich einfach gehen. Du bist ihm egal.*" Das ist ein sehr heimtückisches Argument, aber es trifft den Konflikt genau auf den Punkt: Es ist das Wesen der Liebe, dass sie freilässt, und es ist das Wesen der Angst, dass sie genau das nicht kann.

Diesen Konflikt hatte auch Stephan mit seiner Frau, von der er sich später im Himmel trennte, zu bestehen. Er konnte diese Erlebnisse zuerst nicht richtig deuten. Er konnte nicht gleich erkennen, dass das, was zwischen ihm und seiner Frau geschah, so geschah, einfach weil er liebte und sie nicht. Durch Meditationen und zuvor durch zwei Nahtodeserlebnisse hatte Stephan erkannt, was es bedeutet zu lieben. Er hatte wirklich verstanden, was es heißt, gehen zu lassen und damit das Leben zuzulassen. Liebesfähige Menschen glauben häufig, alle anderen Menschen seien ebenfalls liebesfähig. Sie können nicht leicht erkennen, dass nur die wenigsten dazu in der Lage sind. Denn die meisten Menschen erleben höchstens Verliebtheit, sie gehen nie darüber hinaus, weil sie sich ihren Ängsten nicht stellen wollen.

Das erste Mal trat dieser Konflikt zwischen Stephan und seiner Frau schon in der Anfangsphase ihrer Beziehung auf. Es hatte einen Streit gegeben, und Stephans zukünftige Frau konnte ihren Willen nicht durchsetzen. Nun tat sie etwas, was sie schon in anderen Beziehungen erfolgreich durchgeführt hatte: Sie verließ Stephan. Aber sie verließ ihn nicht nur, sie inszenierte mit ihrem Aufbruch eine großartige, dramatische Szene. Sie packte ihre Sachen und fuhr in die eigene Wohnung. Dabei sagte sie zu Stephan: *“Ich muss jetzt alleine sein.”* Auf seine Frage, wann sie sich wiedersehen würden, gab sie bewusst eine verschwommene Antwort, in der Hoffnung, dass ihm der Gedanke käme, sie würden sich vielleicht nie wiedersehen. Sie sah an seinem Gesicht, wie ihn ihre Worte traurig machten – ihre Pfeile schienen ihn getroffen zu haben. Aber dann erlebte sie die erste Überraschung: Sie wunderte sich darüber, mit welcher Herzlichkeit und Wärme Stephan sie verabschiedete.

Einige Tage später, als sie ihn aus eigenem Antrieb wieder anrief, um sich mit ihm zu verabreden, erfuhr sie die nächste Überraschung. Sie bemerkte an seiner Reaktion und vor allem an seiner Stimme, dass er ohne jeden Groll auf sie war und dass er sich auf das Wiedersehen aufrichtig freute, ohne ungeduldig zu sein. Sie bemerkte auch, wie beunruhigt und verunsichert sie ihrerseits darauf reagierte. In der Folgezeit verließ sie ihren Mann noch zweimal auf eine solche theatralische Weise, ohne damit ihr Ziel zu erreichen. Dann ließ sie es für immer sein.

Eines Tages fragte sie Stephan: *"Als ich dich damals verließ, wie hast du das erlebt?"* *"Ich war traurig"*, antwortete Stephan, *"und in dieser Traurigkeit spürte ich zugleich, wie sehr ich dich liebe. Dadurch waren diese Tage, an denen wir getrennt waren, nicht nur schwierige, sondern auch schöne Tage für mich. Ich habe dich die ganze Zeit gespürt. Und zugleich half mir die Traurigkeit, ganz bei mir zu sein."*

"Aber hattest du keine Angst, dass wir uns nie wieder sehen?", fragte sie weiter.

"Das habe ich durchaus befürchtet, dass das geschehen könnte. Ich wusste, dass uns sehr schöne Dinge bevorstehen würden, würde unsere Beziehung Bestand haben. Darum machte es mich traurig, dich aus den Augen zu verlieren. Aber genau dadurch habe ich gespürt, wie ich liebe. Auch unsere Wiedersehen wurden dadurch intensiv. Es war einfach alles sehr berührend. Ich hätte dich gehen lassen können."

"Aber dann hättest du all das verloren, was du mit mir seitdem erlebst", sagte sie, diese Worte waren mehr eine Frage.

"Nein, das kann mir durch eine Trennung nicht genommen werden", sagte Stephan darauf, und diese Antwort war seiner Frau rätselhaft.

Das Gespräch hatte auf Stephans Frau zwei gegensätzliche Wirkungen. Zum einen spürte sie, dass sie mit diesem Mann etwas Unerschütterliches an ihrer Seite hatte, etwas, worauf sie sich verlassen konnte, was immer auch geschehen würde. Das gab ihr Ruhe und Sicherheit. Zugleich aber war sie beunruhigt. Denn mit ihrem weiblichen Instinkt hatte sie natürlich auch erfasst: Dies alles bedeutete, dass sie Stephan nicht unter Druck setzen konnte. Er ließ sich nicht manipulieren, er war frei. Das erregte Unsicherheit und Groll in ihr. Eine Zeit lang bewahrte sie diese beiden Gefühle nebeneinander in sich: die Ruhe und den Groll. Später gewann der Groll die Überhand, von dem sie jedoch Stephan lange nichts sagte und den sie auch nicht zeigte.

Erst viel später brach ihr Missmut offen aus ihr heraus, zu einer Zeit, als die Beziehung zwischen Stephan und ihr durch die Macht der Gewohnheiten und der Regelmäßigkeit ein festeres Fundament gewonnen hatte. Folgendes war geschehen: Stephans Frau hatte ein geschäftliches Projekt erfolgreich beendet. Nun traf sie sich mit einem ihrer Geschäftspartner, einem gut aussehenden und sehr erfolgreichen Mann, mit dem sie sich auch privat gut verstand, zum Abendessen, um den gemeinsam errungenen Sieg zu feiern. Sie bereitete sich zu Hause – unter den Augen Stephans – auf diesen Abend vor. Sie schminkte sich ausführlich, sie probierte verschiedene elegante Kleider an. Demonstrativ war sie bester Stimmung. Es war ein harmloses Spiel, mit dem sie Stephan, an dem sie sehr hing, ein bisschen eifersüchtig machen wollte.

Aber Stephan reagierte unerwartet. Er beobachtete sie beim Ankleiden mit demselben Blick, mit dem er sie sonst beim Ausziehen beobachtete: Er genoss sie. Stephan schien es ihr nicht übel zu nehmen, dass sie sich mit einem anderen Mann traf. Dabei hatte sie bewusst offen gelassen, wie spät in der Nacht sie nach Hause zurückkehren würde. Stephan schien sich sogar für sie zu freuen. Sie bemerkte, wie ihre gute Stimmung zunehmend einem Verdruss wich. Letztlich wurde sie sogar wütend. So konnte sie sich auf ihren Abend nicht mehr richtig freuen.

Schließlich sagte sie zu Stephan: *"Dir ist es egal, ob ich mich mit einem anderen Mann treffe. Ich bin dir gleichgültig."*

"Es ist mir nicht egal, ob du einen anderen Mann triffst", antwortete Stephan. *"Im Gegenteil, es berührt mich sehr. Es ist durchaus auch heikel für mich. Es wühlt in mir unterschiedlichste Gefühle auf, und ich möchte dich auch nicht verlieren. Aber ich finde es schön, dich so schön zu sehen. Ich sehe deine Freude, ich sehe dich auf eine*

Weise, wie ich dich noch nie sehen konnte. Dies ist ein Reichtum für mich. Durch die Begegnung mit deinem Bekannten bringst du mir einen neuen Reichtum."

Mit einem Mal begriff Stephan, was da die ganze Zeit, seit sie sich kennen gelernt hatten, zwischen ihm und seiner Frau wirklich geschah. Er erkannte, in welche Bedrängnis er seine Frau mit seiner Liebe brachte. Er erkannte, wie einsam sie sich fühlte, *weil* sie geliebt wurde. Er begriff, dass sie seine Liebe immer als Gleichgültigkeit interpretiert hatte, und dass sie sich von dieser Liebe nicht tragen lassen konnte, weil sie sich vor ihr fürchtete. Jetzt erkannte Stephan den ungeheuren Mut, den seine Frau Tag für Tag aufbringen musste, um seine Nähe auszuhalten. Er begriff, dass genau dieser Mut - und nicht Liebe - ihr Mittel war, um sich auf ihn einzulassen.

Stephan war in dem Moment voller Dankbarkeit für sie. Aber er vermochte ihr jetzt nur die eine Antwort zu geben, in der er seine eigene, gerade gewonnene Einsicht ausdrückte.

Er sagte zu ihr: "*Wenn ich dich jetzt beschimpfen würde, wenn ich dich eine Schlampe oder gar eine Hure nennen würde, wenn ich jetzt versuchen würde, dir deinen schönen Abend schon vorher kaputtzumachen, und wenn ich versuchen würde, auch deinen Freund, der für dich offenbar wichtig ist, zu beschimpfen und zu beschmutzen - dann hättest du das Gefühl, dass ich dich liebe!*"

"*Ja*", antwortete sie und ließ für einige Augenblicke zu, dass sie sich wunderte, dass sie über ihre eigene Antwort stutzte. Bereits wenige Minuten später jedoch hatte sie dieses Gespräch wieder vergessen, das für sie hätte zu einem Schlüssel werden können, um Zugang zu ihrem Leben zu finden.

Solange du selbst nicht liebst, wirst du die wirkliche Liebe eines anderen nicht ertragen. Sie würde dir wie eine reale, existenzielle Gefährdung erscheinen. Sobald du aber liebst, ist Liebe in deinem Leben anwesend, unabhängig davon, was sonst noch geschieht. Auch unabhängig davon, ob andere dich lieben!

Die Herzwahrnehmung

Eine Übung, die dich und dein Herz bereit machen für die Liebe, ist die Herzwahrnehmung:

Übung *HERZWAHRNEHMUNG:*

Während du etwas tust, oder während du passiv bist, nimm gleichzeitig die Mitte deines Brustkorbes wahr. Während du also beispielsweise mit einem anderen sprichst, oder während du durch die Natur läufst oder einfach still dasitzt - spüre in deine Herzgegend.

Dabei ist es unwesentlich, *was* du in deiner Herzgegend wahrnimmst. Während du mit einem Menschen sprichst, spürst du vielleicht, dass das Herz ganz aufgeregt ist und laut klopft. Im Gespräch mit einem Weiteren fühlt sich die Herzgegend dagegen eng an, vielleicht schmerzt dein Herz dann sogar. Mit einem Dritten dagegen spürst du dort womöglich gar nichts - all das ist *nicht wichtig*. Es ist unwesentlich, *was* geschieht. Wichtig ist nur, *dass* du hinspürst.

Nur spüren, nichts erreichen wollen, nichts verändern, niemanden "berühren" wollen - nur ins Herzzentrum spüren!

Das Herz ist am machtvollsten, wenn es nicht genötigt wird, irgendetwas zu erreichen. Es entfaltet seine ganze Kraft im Zulassen. Immer, wenn du nichts erwartest von einer Situation, kann dein Herz erblühen. Dann wirst du im Kontakt mit ihm Verbundenheit, Lebendigkeit, Liebe und Kreativität erfahren. Sobald du jedoch etwas anstrebst oder befürchtest, fesselst du seine Kraft. Dann lässt du dein Herz ersticken. Dann kann es nicht aktiv werden.

Ein Beispiel: Du führst ein Gespräch mit einem Freund oder mit einem Geschäftspartner. Dir gelingt es, während des Gespräches im Herzen zu sein. Daraufhin erlebt ihr beide eine entspannte, vertrauensvolle Atmosphäre. Ihr könnt die Dinge, die zu besprechen sind, gut klären, und bei eurer Verabschiedung fühlt ihr euch kraftvoll und lebendig. Am nächsten Tag führst du ein Gespräch mit einem anderen Menschen. Wieder gehst du ins Herz. Nun erwartest du, dass ebenso wie gestern ein entspanntes, vertrauensvolles Gespräch entsteht. - Du wirst eine Enttäuschung erleben. Es wird dir nicht gelingen. Dir wird es nicht einmal gelingen, überhaupt im Herzen zu sein. Denn jedesmal, wenn du irgendwelche Vorbedingungen stellst, wird sich dir dein Herz entziehen, und du wirst es nicht spüren können. Denn das Herz lebt einzig und allein im Augenblick. Es möchte zulassen, was gerade geschieht.

Wenn du aber zulässt, dann ist das Herz sehr kraftvoll. Sprichst du mit einem Menschen und bist dabei im Herzen, wirst du bald bemerken, dass du auch dem anderen ins Herz schaust. Du wirst plötzlich leicht unterscheiden können zwischen dem, was er sagt und dem, was er meint. Dadurch bist du vor Manipulationen geschützt.

Wenn du im Herzen bist, fallen auch Distanzierungen von anderen Menschen leichter. Du hast beispielsweise mit jemandem etwas zu klären, dann gehe zuvor ein paar Minuten ins Herz. Rede mit dem anderen etwas Belangloses, bleibe aber währenddessen im Herzen.

Dann bringe dein Anliegen vor. Nun werden zwei Dinge geschehen. Erstens wirst du ganz natürlich den richtigen Tonfall finden, womit du den anderen wirklich erreichen wirst. Er kann dich verstehen. Zugleich überforderst du ihn nicht. Er fühlt sich nicht angegriffen. Dein Herz zeigt dir immer das richtige Maß.

Ein anderes Beispiel: Jemand berichtet dir von einem persönlichen Unglück und sucht dein Verständnis, dann gehe, während du ihm zuhörst, in dein Herz. Sei bei ihm und zugleich in deinem Herzen, ohne etwas anderes zu tun. Dann wirst du ein Wunder erfahren: Du wirst sehen, wie heilsam dein Herz nicht nur für dich selbst, sondern auch für andere ist. Dies geschieht einfach nur, indem du dich mit deinem Herzen verbindest.

Es ist wichtig, dass du mit der Übung *HERZWAHRNEHMUNG* Erfahrungen sammelst. Gehe immer wieder still ins Herz und beobachte, was dann geschieht. Die gestressteste und übellaunigste Verkäuferin an der Kasse im Supermarkt wird dich anlächeln. Hunde, die dich anbellen, werden plötzlich ruhig oder kommen sogar zutraulich auf dich zu. Überhaupt wirst du bemerken, dass Tiere und kleine Kinder genau registrieren, ob du im Herzen bist oder nicht.

Eine Klientin, die Hobbygärtnerin ist, berichtete mir, dass ihre Pflanzen und jungen Bäume häufig eingegangen seien, sobald sie diese im Garten an einen anderen Platz versetzt habe. Schließlich sei sie dazu übergegangen, sich, vor einer solchen Umpflanzung, eine Weile in der Nähe der Pflanze aufzuhalten und dabei im Herzen zu sein. *“Nach wenigen Minuten wusste ich dann, ob ich diese Pflanze versetzen kann und auch an welche Stelle”*, sagte sie. Seitdem seien ihr nie wieder Gewächse eingegangen.

Mache mit dieser Technik immer wieder Erfahrungen! Dies gilt für alle Übungen, die in diesem Buch beschrieben werden. Jede einzelne Erfahrung, auch ein scheinbarer Misserfolg, ist bedeutsam und wichtiger, als das ganze Buch nur zu lesen.

Es wird dir nicht gelingen, Kontakt zum Herzen zu halten, wenn du von einem anderen Menschen etwas benötigst. Du kannst das simple Vorhaben, die Mitte deiner Brust zu spüren, nicht durchführen, wenn du einen anderen zu einer Handlung drängen möchtest. Denn das Wesen des Herzens ist zu geben. Du kannst ebenfalls nicht mit deinem Herzen verbunden sein, wenn du dem anderen etwas geben möchtest, was er gar nicht braucht oder was ihn überfordert. Denn das zweite Wesen des Herzens ist das Mitgefühl.

Ebenfalls ist es unmöglich, einen anderen Menschen zu missbrauchen, während du im Herzen bist. Deswegen gibt dir dein Herz die Möglichkeit, wirklich machtvoll zu sein, ohne in die Gefahr zu geraten, anderen zu schaden oder deren Kraft zu überfordern. Sei mit deinem Herzen verbunden, während du kraftvoll handelst. Wärst du dagegen mit dem Solarplexus, dem körperlichen Machtzentrum, verbunden, anstatt mit deinem Herzen, dann könntest du durchaus über das Ziel hinausschießen. Dann ist es möglich, dass du deinem Gegenüber schadest. Menschen, die andere unter Druck setzen und gezielt manipulieren, sind oft im Solarplexus verankert. Mit dem Herzen geht das nicht.

Das Herz lässt sich auf keine Einschränkung, auf keine Vorbedingung und auf keine Manipulation ein. Ebenso wie das Herz erträgt auch die Liebe keine Vorbedingungen, keine Sicherheiten, keine Manipulationen.

Bei vielen Menschen habe ich beobachten können, dass sie die Herzwahrnehmung nicht anwenden - obwohl sie von ihrer Kraft wissen. Der Grund dafür liegt darin, dass diese Technik so einfach ist. In zwei Minuten kannst du die Herztechnik jedem erklären. Gerade diese Einfachheit führt dazu, dass die Menschen sie nicht ernst nehmen. Sie wenden sie nicht an, weil sie glauben, dass so etwas Simples nicht wirksam sein kann. Dabei ist dein Herz ein Tor in die Freiheit.

In meinen Seminaren führe ich mit den Teilnehmen über mehrere Tage verteilt verschiedene kleine Übungen durch. In ihnen können sie ihr Agieren mit und ohne Herzwahrnehmung erleben. Viele sind zutiefst berührt, was hierbei mit ihnen geschieht. Die Teilnehmer erleben, dass sich mit der Harzwahrnehmung in wenigen Augenblicken ihre gesamte Körpersprache verändert. Es verändern sich die verwendeten Worte, ihre Ausstrahlung und ihre Wirkung auf andere Menschen. Mit diesen Übungen möchte ich Zweierlei erreichen. Ich möchte erstens bewirken, dass die Teilnehmer Erfahrungen mit ihrem Herzen machen. Zweitens hoffe ich, dass sie durch die Intensität ihrer Erlebnisse im Seminar diese Wahrnehmungstechnik nicht wieder vergessen.

Offenbar sind wir aber so konstruiert, dass wir immer wieder vergessen. Wie ein Magnet zieht uns Unbewusstheit an, wie ein großer Verführer versucht sie uns genau an den Dingen vorbeizulotsen, die uns bewusster machen würden. Ein Klient, ein junger Unternehmer, hatte nach dem Besuch eines Seminars mit Hilfe der Herztechnik eines seiner *"Hauptprobleme"*, wie er es ausdrückte, gelöst. Früher war er immer wieder *"falschen Freunden aufgesessen. Ich vertraue zu schnell"*, sagte er, *"und dann werde ich von den anderen benutzt oder sogar betrogen. Es ist verrückt, ich habe einfach kein Gefühl dafür."* Dann wendete er die Herztechnik an. Er erzählte anschließend: *"Ich mache das so: Wenn ich jemanden kennen lerne, lade ich ihn zu einer Tasse Kaffee ein, entweder ins Büro, zu mir nach Hause oder in ein Restaurant. Mitten in unserem Gespräch lehne ich mich dann zurück, lasse den anderen reden und bleibe dabei fünf Minuten im Herzen. Danach weiß ich, wie ich mich ihm gegenüber verhalten werde. Ich weiß einfach, ob ich mich auf eine Freundschaft einlassen werde. Keine Ahnung woher, aber ich weiß es. Seitdem habe ich keine Enttäuschungen mehr erlebt."*

Ein Jahr später rief mich dieser Klient erneut an. Es ging um einen Konflikt mit einem seiner wichtigsten Kunden. Mein Klient wollte einen Rat, wie er sich seinem Kunden gegenüber verhalten könne.

Ich sagte zu ihm: "*Gehe doch einmal ins Herz, während du mit ihm sprichst. Dann wirst du die Antwort vermutlich bereits wissen.*" Er sagte darauf: "*Das ist ja unglaublich. Das hatte ich ja vollkommen vergessen. Ich hatte diese Technik einfach vergessen!*"

Das gilt es zu tun: Immer wieder die Herzwahrnehmung anwenden, sich daran erinnern. Alle Meditationen dieses Buches sind nicht schwierig. Sie sind einfach zu erlernen. Die wirkliche Herausforderung besteht darin, sie anzuwenden. Deswegen ist es so wichtig, ein Suchender zu sein - die Sehnsucht nach sich selbst zu kennen.

Besonders tiefe Erfahrungen mit der Herztechnik kannst du machen, während du andere Menschen begrüßt. Wir gehen, solange wir unbewusst sind, mit Masken auf andere zu. Wenn du die Herztechnik bei Begrüßungen anwendest, dann wirst du das sehr rasch durchschauen. Begegnest du einer Autorität, einem machtvollen Menschen, dann verhältst du dich auf eine ganz bestimmte Weise. Wenn du einen Bettler auf der Straße triffst, verhältst du dich wiederum vollkommen anders. Wenn du jemanden verführen möchtest - wieder anders. Kommst du in dein Büro, weißt du genau, welches Verhalten man von dir erwartet. Kommst du abends dann nach Hause, bist du scheinbar wieder ein ganz anderer Mensch. Wenn du all deine Gesichter in deinem Kleiderschrank ablegen müsstest, würde der Platz in deiner Wohnung nicht mehr ausreichen. Es gibt Frauen, die dutzende Paare Schuhe besitzen und sich dennoch immer wieder neue kaufen. Für jede Gelegenheit ein anderes Paar. Aber wie viele Schuhe sie sich auch anschaffen mögen, es sind wenige im Vergleich zu der Anzahl von Gesichtern, in die sie an einem einzigen Tag schlüpfen.

Jedem präsentierst du dich anders. Aber wer bist du wirklich? In dem Moment, wo du eine Maske aufsetzt, hast du den Kontakt zu dir selber verloren. Die Herzwahrnehmung bietet dir die Möglichkeit, diesen Kontakt nicht zu verlieren. Gehe so vor: Während du auf einen anderen Menschen, den du begrüßen wirst, zugehst, sieh ihn wirklich an. Spüre währenddessen, in den Sekunden vor und während eurer Begrüßung, in die Mitte deines Brustkorbes, in dein Herzzentrum. Beobachte dabei das Gefühl, das in dir entsteht. Wie gesagt, es ist nicht wichtig, *welches* Gefühl entsteht, wichtig ist, dass du es *beobachtest*. Du gehst auf den anderen zu, siehst ihn an, spürst dein Herz und nimmst das Gefühl wahr, das entsteht. In dieser Empfindung bleibst du während der Begrüßung. Das Entscheidende ist, dass du den Kontakt zu deinem Herzen nicht abreißen lässt. Du wirst eine interessante Beobachtung machen: Kurz bevor wir wirklich dem anderen begegnen, meistens wenn wir in seine Aura eintauchen oder in dem Augenblick, in dem wir die Hand zum Händedruck heben, neigen wir dazu, das Herz zu verlassen. Unversehens spüren wir nicht mehr hin. In einem winzigen Moment springen wir innerlich weg. Achte darauf! Bleibe konsequent im Herzen. Begrüße alle Menschen so. Deine Freunde, die dir gleichgültigen Menschen und auch deine Feinde. Begrüße vor allem diejenigen so, die dir aus unterschiedlichen Gründen unangenehm sind oder denen du am liebsten ausweichen würdest. Im Herzen zu sein bedeutet *nicht*, herzlich zu sein! Verwechsle das nicht. Herztechnik heißt einfach, Kontakt zu deinem Herzen zu halten. Dann wird manchmal Herzlichkeit aufkommen, manches Mal Nähe zu anderen oder Distanz oder sogar gar nichts. Es wird das kommen, was in der jeweiligen Situation *deine Wahrheit* ist.

Normalerweise erleben wir zu anderen Menschen *Kontakt*. Mit der Herzwahrnehmung wird *Verbundenheit* möglich. Und zwar nicht nur Verbundenheit mit dem Freund, sondern auch Verbundenheit mit dem Gegner. Verbundenheit mit dem Gegner kann auch eine ehrlich und konsequent ausgetragene Auseinandersetzung sein.

Wenn du nur ein Vierteljahr die Herztechnik bei Begrüßungen konsequent anwendest, wird sich dein Leben radikal ändern. Zum einen wirst du erfahren, dass jede Begrüßung eines anderen Menschen eine Quelle von Freude sein kann. Auch das Verhältnis der anderen dir gegenüber wird sich verändern. Ohne dass sie es sich erklären können, werden sie sich in deiner Nähe wohler fühlen und sich dir stärker öffnen. Zugleich werden sie die Distanz, an der dir gelegen ist, einhalten. Vor allem aber wirst du durchschauen, mit wie vielen unbewussten Motiven und Ängsten du dich bisher anderen Menschen genähert hast. Denn indem du während der Begrüßungen konsequent im Herzen bleibst und nicht davon ablässt, werden dir die inneren Impulse bewusst werden, die bisher dein Verhalten bestimmt haben. Weil dich deine Muster jetzt nicht mehr unbewusst dominieren können, müssen sie ins Bewusstsein springen. Die Herzwahrnehmung wirkt somit wie ein Kontrastmittel, das bisher Unerkanntes sichtbar macht. Deine Motive, anderen Menschen zu begegnen, werden dir vor dem Hintergrund deiner neuen Erfahrung so absurd erscheinen, dass du dich am meisten darüber wundern wirst, wieso du bisher noch nicht an Einsamkeit und Isolation erstickt bist. Und noch etwas wird geschehen: Du wirst berührt werden von einer ersten nachdrücklichen Ahnung, wie tief Liebe und Mitgefühl gehen. Ich wünsche dir, dass du diese Berührung erfährst.

In einer Sammlung von Anekdoten fand ich folgenden Dialog zwischen zwei alternden Schauspielerinnen. Die eine Schauspielerin sagt zu der anderen: "*Ich habe mein Gesicht mit sieben Millionen Dollar versichern lassen.*" Darauf fragt die Angesprochene: "*Und was hast du mit diesem vielen Geld gemacht?*"

Die Menschen schauspielern beständig. Sie verbergen ihre wahren Gesichter. Sie glauben, ihr wahres Gesicht sei falsch, es sei hässlich. Aber das Schönste, was du zu geben hast, ist dein wahres Gesicht. Ein großes Geschenk, das du anderen Menschen machen kannst, besonders denen, die dich lieben, ist der Zugang zu deiner inneren Wahrheit - über dein Gesicht. Masken sind hässlich. Sie sind unecht, sie haben es auf Gewinn, auf Effekt, auf Vorteile, auf Manipulation oder Mitleid abgesehen.

Doch statt ihre Masken zu zerstören, versichern die Menschen sie noch. In den vergangenen Jahren sind chirurgische Schönheitsoperationen in Mode gekommen. Menschen, die nicht zu sich selber stehen und mit ihrem eigenen Gesicht nichts anfangen können, lassen komplizierte Eingriffe an sich vornehmen. Die Masken, die durch solche Operationen entstehen, lassen sich überhaupt nicht mehr entfernen. Fast alle scheinen sich darum zu bemühen, um jeden Preis unecht sein zu dürfen. Zerstört eure unechten Gesichter! Lasst endlich eure Wahrheit hervortreten. Dann könntet ihr sofort euren Kampf um Liebe aufgeben. Und dann, aber erst dann, werdet ihr Verbundenheit und Liebe finden.

Mit der Herzwahrnehmung werden Masken zerstört. Denn das Herz ist wahr. Es kann nicht falsch sein. Dein Herz ist ein Tor, durch das du gehen kannst, um bewusst zu werden und um zu dir selbst zu finden.

Eine halbe Stunde Nichtstun

Das Wesentliche an der Übung, die wir jetzt besprechen, ist ihre Unmittelbarkeit. In dieser Übung *bist* du einfach nur.

Übung *EINE HALBE STUNDE NICHTSTUN:*

Setze dich bequem hin in einen gemütlichen Sessel, vielleicht sogar mit einem schönen Ausblick in die Landschaft. Du sollst dich wohl fühlen. Diese Übung wird mit geöffneten Augen durchgeführt.
Du sitzt nun eine halbe Stunde nur da, tust nichts und bleibst dabei geistig präsent.
Sitzen, nichts tun und geistig völlig präsent bleiben!

Es werden dann verschiedene Dinge geschehen. Beispielsweise wird in dir der Impuls aufsteigen, etwas zu tun: Ordnung zu machen, einen Brief zu schreiben, jemanden anzurufen. Aber du bleibst sitzen und beobachtest diesen Impuls, ohne ihm zu folgen. Indem du genau das tust, nur beobachtest und nicht auf den Handlungsimpuls reagierst, bleibst du geistig präsent.

Als Nächstes wirst du vielleicht darüber nachdenken, was du nach dieser halben Stunde tun könntest. Denn du wirst nach wenigen Versuchen wissen, wie diese Übung dich erfrischt und wie viel Kraft sie dir schenkt. Und so wirst du dich schon während dieser halben Stunde darauf freuen, wie du diese Kraft und Erholung dann nutzen kannst. - Doch damit bist du nicht mehr präsent!
Wir legen in das, was wir tun, immerzu einen Sinn, anstatt unser Tun einfach zu genießen. Jedesmal, wenn wir einen Sinn in eine Tätigkeit legen, sind wir bei dieser Tätigkeit unbewusst. So ergeht es dir auch in dieser halben Stunde. Während du über die Zeit nach der Übung nachdenkst, bist du nicht mehr präsent, bist du nicht mehr im Augenblick. Du hast dich in Träumereien verloren. Aber wenn du diese Träumereien beobachtest, wenn dir deine Gedanken über die Zeit nach der halben Stunde bewusst sind, dann bleibst du in der Gegenwart anwesend. Nutze die Übung, um diesen Zusammenhang zu durchschauen!
Im nächsten Moment ertappst du dich vielleicht dabei, dass du mit deinem Blick in die Ferne schweifst und am Horizont einen Baum oder einen Vogel beobachtest - und wiederum bist du nicht anwesend, hast du dich verloren. Du hast vergessen, dass du hier sitzt, du bist bei dem Vogel am Horizont. Du bist nicht mehr da. Es sei denn - du *beobachtest*, wie dein Blick in die Ferne schweift. Dann versucht dein Verstand mit einem anderen Trick, dich unbewusst zu machen. Er schweift nicht mehr in die Ferne, sondern geht ganz in deine Nähe, nach innen. Er verwickelt dich in Gedanken. Du denkst an deine Familie, an dein Geschäft, an einen Streit, an Dinge, die zu erledigen sind. Doch sobald du in Gedanken verstrickt bist, bist du erneut nicht da, hast du das JETZT wieder verloren. Aber du beobachtest auch JETZT, und so

können all diese Gedanken deiner Bewusstheit nichts anhaben. Nutze die Übung, um diesen Zusammenhang wirklich zu verinnerlichen: Indem du beobachtest, bleibst du bewusst, dann bist du im HIER und JETZT.
Nach der Übung stehst du auf und führst einige Handlungen durch, ohne die geistige Präsenz zu verlassen, die in der Übung *EINE HALBE STUNDE NICHTSTUN* entstanden ist. Du bleibst auch danach bewusst, solange du das halten kannst.
Nichtstun heißt also:

Nicht handeln,
kein Ziel haben,
sich in keine Gedanken oder Träumereien
verwickeln lassen –
indem du sie beobachtest.

Diese Übung kann dir helfen, das Wesen von Meditation tief zu erfassen. Verstehe den Sinn dieses Nichtstuns. Es geht um Stille. Um wirkliche, vollkommene Stille. Und zwar nicht eine Stille, die du erzeugen könntest, sondern um die Stille, die immer schon in dir ruht. Sie ist lediglich verdeckt durch den Lärm, den du beständig machst – den Lärm deiner Bemühungen, deiner Aktivitäten, deiner Ziele und Gedanken.

Das Meditieren birgt potenziell ein großes Missverständnis in sich. Es scheint ja dabei immer nur um die Gedanken zu gehen, die beobachtet werden. Aber um sie geht es eben nicht. Es geht überhaupt nicht um das Beobachtete und auch nicht um das Bebachten als Vorgang, sondern es geht um die Stille, die genau hinter dem verborgen ist, was du beobachten kannst. Es geht um die Stille in dir, um die Begegnung mit dir selbst. Deine Gedanken und Motive lenken dich beständig von dieser Selbstbegegnung ab. Das ist der einzige Grund, die Gedanken zu beobachten: dass sie ihre magische Wirkung auf dich verlieren, dass du dich von ihnen ablöst. Und dann kann die Stille sichtbar werden, dann kann sie ihre Wirkung entfalten. Wenn du nicht mehr in deinen Gedanken verfangen bist, kann etwas Neues wirksam werden.

Aus diesem Grund ist es auch so wichtig, dass du dich nicht darum bemühst, die Gedanken zu beruhigen. Abgesehen davon, dass dies, wie gesagt, gar nicht möglich ist, machst du deine Gedanken mit dieser Bemühung zum Zentrum deiner Meditation, anstatt sie loszulassen. Der Versuch, deine Gedanken zu beruhigen ist der größte Lärm, den du erzeugen kannst. Es kommt auch gar nicht darauf an, dass die Gedanken ruhig sind. Lass sie so sein, wie sie sind. Einmal sind sie ruhig, einmal sind sie laut. Das ist das Leben. Wenn das Leben intensiv ist, dann sind auch deine Gedanken intensiv. Das gehört dazu. Entscheidend ist, dass du nicht in sie verwickelt bist, dass du Abstand zu ihnen hast, dass du ihr Beobachter bist.

Wir hatten schon von einem der Begründer des Zen, Hui-Neng, gesprochen. Eine weitere Episode über diesen Erleuchteten ist überliefert. Um seinen Stand in der Meditation zu bekunden, rezitierte ein Schüler Hui-Neng gegenüber diese Verse:

Ich, Wo-luan, weiß ein Mittel
alle meine Gedanken auszulöschen.
Die Welt der Dinge rührt meinen Geist nicht mehr auf,
und Tag für Tag reift meine Erleuchtung.

Darauf antwortete Hui-Neng: "*Das ist nicht Erleuchtung, sondern das führt in die Knechtschaft.*" Er erwiderte mit einem Vers:

Ich, Hui-Neng, kenne keine Mittel,
meine Gedanken werden nicht unterdrückt.
Die Welt der Dinge rührt stets meinen Geist auf;
die Erleuchtung reifen lassen - welchen Sinn soll das haben?

Hui-Neng verwendet das Wort "Knechtschaft". Warum "Knechtschaft"? Das hat aus meiner Sicht drei Gründe. Der Versuch, die Gedanken zu beruhigen, führt dazu, dass deine Gedanken vollkommen die Regie übernehmen. Denn mit deiner Bemühung bist du gänzlich auf sie fixiert. Du bist ihr Sklave. Eine zweite Knechtschaft kommt hinzu: Sie besteht in deinem Ehrgeiz, die Gedanken zu beruhigen. In deinem Ehrgeiz, endlich an ein Ziel zu kommen, endlich etwas ganz Schwieriges zu meistern. Das Motiv, das dich dazu antreibt, bleibt dir dabei unbewusst. Es ist dasselbe Motiv, das dich auch in deinem alltäglichen Leben unter Druck setzt. Ob du Millionen Euro auf dem Konto anhäufst, weil du dich unsicher fühlst, ob du deinen Partner mit Eifersucht verfolgst oder deine Gedanken zu beruhigen versuchst – das Motiv ist stets dasselbe. Wenn du außen immerzu agierst, weil du dich minderwertig fühlst, dann wirst du aus eben demselben Grund auch bemüht sein, deine Gedanken zu beruhigen. Wenn du außen agierst, um dich nicht ohnmächtig zu fühlen, dann wirst du aus eben demselben Grund auch deine Gedanken beruhigen wollen. Du bist in deinem Leben ein Getriebener, und nun bist du auch in der Meditation ein Getriebener.

Noch eine dritte Knechtschaft legst du dir mit diesem Versuch, deine Gedanken nie "aufgewühlt" zu erleben, auf: Du wirst zwanghaft. Du verfällst in den Wahn, deinem Geist vorschreiben zu können, wie er zu reagieren hat. Nichts darf dich aufrühren. Du musst immer beherrscht reagieren. Damit schneidest du dich aber vom Leben ab, du wirst zum Neurotiker. Nirgendwo sind mehr Neurotiker zu finden als unter denen, die glauben, ihren Verstand und ihren Körper verleugnen und vergewaltigen zu müssen, um spirituell wachsen zu können. Es geht nicht darum, das Leben nicht auf deinen Geist wirken zu lassen – sondern um Bewusstheit. Es geht immer nur um Bewusstheit. Bleibe bei allem, was geschieht, Zeuge. Wenn du Zeuge bleiben kannst, dann wird das *ganze* Leben, mit Stille und mit Leidenschaft, mit Enge und mit Weite, mit Nähe und mit Abschied, mit ALLEM – zu einem wundervollen Ereignis.

Werde immer wieder einfach still, und tue nichts. Beobachte, was sich nun ereignet. *Und dann kann es geschehen*. Plötzlich kommt aus dir, in dir, um dich - die Stille. Plötzlich wirst du von ihr erfasst. Es *kann* geschehen, und irgendwann wird es auch geschehen. Du kannst diese Stille nicht herbeiführen, du kannst sie auch nicht anstreben, im Gegenteil: Jedes Herbeiführen-Wollen verhindert sie.

Wenn du bemerkst, dass du diese Stille herbeisehnst, dann beobachte dieses Sehnen als einen deiner Gedanken. Lasse auch ihn neben dir herlaufen. Lasse dich nicht in ihn verwickeln.

Irgendwann tritt diese Stille mit einem Mal ein, und du bist bei dir. Du bist zu Hause angekommen. Doch solange es noch nicht so weit ist, musst du nicht ungeduldig sein. Denn die Übung *EINE HALBE STUNDE NICHTSTUN* wird dir auch vorher schon sehr viel geben. Sie wird dich schon zuvor reich machen.

Aber wenn die Stille kommt, wenn sie in dir wächst und Stabilität gewinnt, dann kannst du sie langsam mit ins ganze Leben nehmen. Zuerst bei kleinen Handlungen, wie wir es schon besprochen haben. Du handelst, und du bleibst innen ganz still. Deine Handlungen geschehen, weil sie gar nicht anders geschehen können. Du handelst ohne zu handeln. In dieser Stille wirst du verstehen, was es heißt, motivlos zu sein. Du wirst dabei erkennen, dass Motivlosigkeit die Quelle allen Glücks und allen Wissens ist.

Wir gehen vom Leben aus auf die Meditation zu. Wir sind voller Hektik, und dann versuchen wir uns zu entspannen. Wir sperren für eine Weile das Leben aus, schließen unsere Augen, beruhigen uns und versuchen, etwas näher an uns selbst heranzukommen. Doch eigentlich müssten wir es genau anders herum machen. Wir müssten erst die Stille in uns entdecken, und dann von ihr aus, *mit ihr* auf das Leben zugehen. Wir müssten von der Meditation aus auf das Leben zugehen.

Fünf Minuten Nichtstun

Zu den hartnäckigsten Hindernissen auf dem Weg zu Bewusstheit gehören Gewohnheiten. Gewohnheiten bestehen aus Handlungen oder Gedankenketten, die du, meistens zu ganz bestimmten Zeiten, immer wieder initiierst. Fast der gesamte Tag ist ausgefüllt mit Gewohnheiten. Carl Friedrich Gauß, einer der bedeutendsten Mathematiker und Erforscher der Zahlen überhaupt, hatte bereits im neunzehnten Jahrhundert etwas Bemerkenswertes festgestellt. Er hatte beobachtet, dass Menschen bestimmte Wege, die sie täglich zurücklegen müssen, beispielsweise ins Büro oder zum Kaufmannsladen, auf eine so präzise Weise gehen, dass sie dafür jeden Tag aufs Neue exakt dieselbe Anzahl von Schritten aufwenden. Unser Unterbewusstsein speichert unsere Handlungsprogramme unbemerkt bis ins Detail ab und diktiert damit unser Verhalten. Viele Handlungen führen wir nur aus einem einzigen Grund aus - weil wir sie schon immer so getan haben.

Besonders tief graben sich diejenigen Verhaltensmuster in unser Unterbewusstes ein, mit denen wir andere Menschen manipulieren. Handlungen, die du ausführst mit dem Ziel, andere zu bestimmten

Reaktionen zu bewegen, werden besonders rasch und nachhaltig zu Gewohnheiten. Ein Beispiel: Du möchtest erreichen, dass jemand sich um dich bemüht. Zu diesem Zweck entziehst du dich ihm. Du gibst dich wortkarg und verbirgst deine Gefühle. Auf diese Weise machst du dich rar. Du hoffst, dass als Reaktion darauf nun der andere aktiv wird und seinerseits auf dich zukommt. Schon nach wenigen derartigen Manipulationen wirst du beobachten können, wie sich das Sich-Entziehen tiefer in deine Handlungen eingeschlichen hat, als du es beabsichtigt hattest. Vor kurzem verbargst du noch gezielt deine Gefühle, doch bald wirkst du von ganz allein unnahbar und bist ein kühlerer Mensch geworden.

Je früher in der Kindheit ein Verhaltensmuster entstanden ist, umso tiefer ist es in dir verankert - und umso unerkannter bestimmt es dein Verhalten. Die Gewohnheiten aus der frühesten Kindheit sind uns so in Fleisch und Blut übergegangen, dass wir sie nicht mehr hinterfragen. Karolyn, eine Immobilienmaklerin, erzählte mir, dass sie in schwierigen geschäftlichen Situationen, wenn sich Vertragsabschlüsse besonders lange hinziehen oder wenn sie finanzielle Engpässe erlebte, von einer *"unglaublichen Hoffnungslosigkeit befallen"* werde. *"Ich bin dann wie gelähmt und habe das Gefühl, nichts mehr bewältigen zu können. Dabei sind die Probleme zumeist gar nicht wirklich dramatisch - und das ist mir durchaus bewusst. Trotzdem beschleicht mich dieses hoffnungslose Gefühl. Ich habe alles Mögliche getan, um es loszuwerden: positives Denken, Yoga. Aber nichts half."*

In einer geführten Meditation zeigte Karolyns Unterbewusstsein ihr eine Szene aus der Zeit vor ihrer Geburt. Sie fand sich dabei im Bauch ihrer Mutter wieder, wenige Wochen, bevor sie zur Welt kam. Ihre Mutter wickelte in diesem Moment gerade Karolyns Schwester, die bereits eineinhalb Jahre alt war. Gleichzeitig stritt die Mutter mit Karolyns Vater, der einen aufbrausenden und ungeduldigen Charakter hatte. Die Mutter befand sich emotional in einem Zwiespalt. Einerseits freute sie sich auf ihr neues Kind, auf Karolyn. Andererseits quälte sie die Befürchtung, in Zukunft von zwei Töchtern völlig überfordert zu sein. Von ihrem Mann, von dem sie sich am liebsten getrennt hätte, glaubte sie keine Unterstützung erwarten zu dürfen. Die Mutter verfiel in einen "*emotionalen Erstarrungszustand*", wie Karolyn es spürte. Karolyn erlebte sich während der Sitzung real im Bauch der Mutter. Sie schilderte das so: "*Dieses innere Patt meiner Mutter überträgt sich auf mich. Ich bin ja in ihrem Bauch. Ich habe Angst, auf die Welt zu kommen, wo ich keine wirkliche Unterstützung finden würde, da meine Mutter überfordert ist. Ich fühle mich allein gelassen und einsam*", erzählte sie. "*Meine Mutter müsste sich innerlich nur von ihrer Hoffnungslosigkeit abwenden und meiner Schwester zuwenden. Sie müsste sich an meiner Schwester einfach erfreuen, sie zu sich hochnehmen. Dann wäre ihre Angst vorbei und auch für mich alles gut.*" Karolyn sagte nach dieser Sitzung zu mir: "*So in die Hoffnungslosigkeit abzugleiten, war ja das Muster meiner Mutter. Es war* **ihre** *Angewohnheit zu verzweifeln, die mich beherrscht - bis heute. Das gehört ja gar nicht zu mir. Und zugleich erstaunt es mich, dass ich mich in schwierigen Situationen so einsam fühle. Diese Einsamkeit ist mir so noch gar nicht zu Bewusstsein gekommen. Aber es stimmt: Wenn für mich etwas schwierig wird, dann glaube ich mich ganz allein auf der Welt.*" Indem Karolyn ihre eigene Einsamkeit wieder entdeckte und annahm, verlor das Verhaltensmuster ihrer Mutter seine Macht über sie.

Ein anderes Beispiel: Ilona wurde ähnlich wie Karolyn in einen Konflikt zwischen ihrer Mutter und dem Vater hineingeboren. Die Mutter freute sich als schwangere Frau auf die kleine Ilona, der Vater dagegen lehnte das Kind rundum ab. Darüber gab häufig Streit zwischen den Eltern, und die Mutter hatte nicht die Kraft, diese beständigen Auseinandersetzungen auszuhalten. Sie versuchte, den Konflikten aus dem Weg zu gehen, indem sie ihren Mann so wenig wie möglich mit der Tatsache konfrontierte, dass sie schwanger war. Sie kleidete sich möglichst unauffällig, sie erzählte ihm nichts über das heranwachsende

Kind in ihrem Bauch. Auch als Ilona geboren war, versuchte die Mutter weiterhin, den Vater so wenig wie möglich an die Existenz der Tochter zu erinnern. Vater und Tochter begegneten sich in den ersten Lebensjahren Ilonas fast nie. Die Mutter versteckte sie regelrecht.

Ilona kam als 34-jährige Frau zu mir. Ihr *"Problem"* war, dass sie sich nicht traute, *"vor anderen Menschen zu mir selbst zu stehen"*, wie sie es mit eigenen Worten ausdrückte. Als Computerspezialistin genießt Ilona in ihrer Firma hohes Ansehen. Sollte sie jedoch vor ihrem Team, in dem sie arbeitet, Vorschläge für ein neues Projekt vortragen, dann ging es ihr schlecht. *"Am liebsten würde ich immer andere vorschicken, damit sie meine Ideen erläutern. Ich sage auch nie etwas, obwohl ich so häufig die besseren Lösungen für unsere Aufgaben gefunden habe. Ich traue mich einfach nicht. Warum?"*

Als Ilona in geführten Meditationen sah, was in ihrer frühen Kindheit wirklich geschehen war, wurde ihr der Mechanismus dieses Verhaltensmusters bewusst. *"Nach meiner Geburt wurde der Frieden in der Familie erhalten, indem ich einfach verleugnet wurde. Bis heute glaube ich, dass ich den Zusammenhalt in einer Gruppe nur dadurch bewahren kann, indem ich so unsichtbar wie möglich bin. Ja, ich* ***erlebe*** *Zusammenhalt dadurch, dass ich mich verleugne!"*, sagte sie. In den Sitzungen erlebte Ilona auch die tiefe Traurigkeit wieder, die sie als kleines Kind hatte, wenn sie vor dem Vater versteckt wurde. Wenn sie die Küche verlassen musste, weil der Vater von der Arbeit nach Hause kam. Wenn sie sich am Wochenende still verhalten musste, damit der Vater so wenig wie möglich an sie erinnert wurde. Diese Traurigkeit war es, die sie mit der beständigen Wiederholung ihres Verhaltensmusters vor sich selbst verbergen wollte, ebenso, wie sie als kleines Kind vor dem Vater verborgen worden ist.

Solange du unbewusst bleibst, solange du nicht zum Wahrnehmenden und nicht wirklich zum Beobachter deines Verstandes geworden bist, beherrschen die Verhaltensmuster aus deiner frühen Kindheit dein ganzes Leben. Die meisten deiner Verhaltensmuster sind eine exakte Spiegelung der Ängste deiner Eltern. Sie verdecken deine eigenen, deine wahren Impulse. Das, was du selber möchtest, was du als Thema mit auf die Welt gebracht hast, das, was du suchst, was dich wirklich glücklich machen würde, bleibt unter einer dicken Decke antrainierter Handlungsweisen verborgen. Immer wieder tust du etwas Anerzogenes und nicht das, wozu es dich von innen her drängt.

Du möchtest beispielsweise ein Bild malen. Schon immer wolltest du malen. Das ist dein wahrer Impuls. Aber du glaubst, vorher andere Dinge erledigen zu müssen. Du musst zuerst in deiner Wohnung Ordnung schaffen oder deine Steuererklärung fertigstellen. Die meisten Menschen schieben auf diese Weise ihr ganzes Leben lang ihre eigene Wahrheit vor sich her. Das, wofür sie auf die Welt gekommen sind, bleibt als Samenkorn in ihnen verschlossen. So kann das Samenkorn nie aufgehen, nie zur Blüte werden.

Aber gerade deine Gewohnheiten kannst du nutzen, um bewusster zu werden – indem du sie unterbrichst. Indem du genau nicht tust, was sie dir suggerieren, und dann beobachtest, was dadurch in dir ausgelöst wird. Indem du aus Verhaltensmustern ausbrichst, werden sie dir bewusst. Ein Beispiel: Du hast einen Konflikt mit einem Freund oder mit deiner Familie, den du nicht gleich lösen kannst. Zwischen euch existiert eine große Spannung. Bisher bist du in solchen Situationen immer aktiv geworden. Du hast aufgeräumt oder dich mit einem anderen Freund verabredet, um nicht an deinen Streit denken zu müssen. Du hast irgendetwas unternommen, um den Druck loszuwerden oder dich abzulenken. Nun mache es nicht mehr so. Mache gar nichts, werde still, und beobachte was in dir geschieht. Wenn der Druck wächst, dann beobachte den Druck. Wenn du dich zerstreut fühlst, dann beobachte die Zerstreutheit. Nimm die Gefühle wahr, die genau jetzt, wo du nicht mehr so handelst, wie immer, in dir auftauchen. Vielleicht ist es Zorn, vielleicht Traurigkeit, vielleicht Ohnmacht oder Einsamkeit. Dann wirst du nach und nach sehr viel über dich verstehen. Du wirst erkennen, dass du bisher gehandelt hast, um Gefühle zu vermeiden. Immer, wenn du gewohnte Verhaltensmuster unterbrichst und dich ihnen verweigerst, öffnet sich dir die Möglichkeit, tiefer zu dir selbst vorzudringen.

Deine gewohnten Verhaltensmuster zu unterbrechen bietet auch deinen eigenen inneren Impulsen die Möglichkeit, in dein Bewusstsein vorzudringen. Wenn du einfach nicht mehr das Gewohnte tust, sondern still wirst, dann gibst du deiner eigenen Wahrheit Raum:

Übung *FÜNF MINUTEN NICHTSTUN:*

Erstens: Wenn du eine Handlung beendet hast und zur nächsten Handlung übergehen möchtest, dann nimm dir genau jetzt fünf Minuten Zeit. Gehe nicht gleich zur nächsten Tätigkeit über, sondern tue zunächst gar nichts. Bleibe still. Setze dich hin, ohne dir etwas vorzunehmen. Aber bleibe in dieser Zeit geistig präsent. Lenke dich nicht mit Tagträumereien ab, sondern bleibe bei dir. Dann wird nach spätestens fünf Minuten ein Impuls in dir aufsteigen, was du nun tun möchtest. Er wird ohne Begründung kommen. Er wird nur sagen: *Das möchte ich jetzt tun, das ist jetzt gut für mich.*

Zweitens: **Folge genau diesem Impuls.** Tu das, was dir jetzt dein Inneres sagt.

Diese Übung ist sehr wirkungsvoll. Sie hilft dir, einen meditativen Zustand im Alltag zu verankern. Vielleicht hast du gerade etwas weggeräumt oder einen Brief geschrieben. Nun möchtest du zur nächsten Tätigkeit übergehen – lasse dir Zeit. Lass dich von nichts antreiben. Nimm dir diese fünf Minuten. Setze dich hin und werde still. Der Handlungsimpuls, der dann kommt, kann ein ganz überraschender Impuls sein, den du vorher nicht vermutet hättest. Vielleicht kommt das Bedürfnis spazieren zu gehen, vielleicht das Bedürfnis, einen Apfel zu essen oder der Impuls, jemanden anzurufen. Wichtig ist, dass du still wirst und wartest. Gib dann deiner neuen Regung nach - folge ihr wirklich. Hast du diese Handlung ausgeführt, werde erneut still und erwarte den nächsten Impuls.

So kann es Stunde für Stunde, Tag für Tag gehen. Dein ganzes Leben kann so sein. Wenn du einen derartigen Umgang mit dir selbst zulässt, wird dein Dasein in kurzer Zeit sehr kraftvoll und lebendig werden.

Bei meinen Klienten kann ich beobachten, dass sie oft glauben, wenn sie auf diese Weise konsequent ihren Impulsen folgten, dann würden sie lästige Dinge niemals erledigen. Sie würden niemals ihre Steuererklärung anfertigen, sie würden unangenehmen Gesprächen ausweichen, denken sie. Aber das ist nicht so. Im Gegenteil: Wenn du gelernt hast, deinen inneren Impulsen wirklich zu folgen, dann würdest du auch diese dich zuvor belastenden Dinge genau zu dem für dich richtigen Zeitpunkt erledigen, und du würdest sie nicht mehr als lästig empfinden. Sie würden dir dann leicht fallen. Wenn du dich wirklich auf die Führung durch dein Unterbewusstsein einlässt, ordnet sich dein Leben auf eine ganz natürliche Weise. Und das ist ein großer Genuss.

Bei der Übung *FÜNF MINUTEN NICHTSTUN* treten erfahrungsgemäß zwei Hindernisse auf, die beide erstaunlich sind und viel darüber zeigen, wie wir uns selbst im Wege stehen. Nach wenigen Versuchen mit dieser Übung wirst du feststellen, wie rasch sie Leichtigkeit und Freude in dein Leben bringt. Durch das Einlassen auf deine innere Führung, beginnt durch dich eine neue stille Energie zu fließen, die heilsam ist. Und trotz dieser Erfahrung wirst du möglicherweise geneigt sein, dir diese fünf Minuten nicht Zeit zu lassen, sie zu übergehen. Du wirst, zumindest in der Anfangsphase, dich bewusst dazu bringen müssen, diese Übung tatsächlich durchzuführen. Denn obwohl du schon weißt, wie gut sie dir tut, hast du die

Neigung, sie zu meiden.

Das zweite Hindernis ist noch erstaunlicher: Nun hast du dir die *FÜNF MINUTEN* Zeit gelassen. Es ist ein klarer Impuls gekommen, was du nun tun möchtest - und trotzdem tun wir häufig genau etwas anderes. Du hast beispielsweise den Impuls bekommen, einen Brief zu schreiben. Die fünf Minuten sind vorbei, und anstatt den Brief zu schreiben, telefonierst du. Entscheidend bei der Übung *FÜNF MINUTEN NICHTSTUN* ist, dass du wirklich das tust, was deine innere Stimme dir sagt. Wir sind so voller Selbstsabotage. Immerzu vermeiden wir das, was für uns richtig wäre. Das hat einen ganz einfachen Grund. Genau darin bestand unsere Erziehung: Dass wir uns nach den Erwachsenen richten und vergessen mussten, was wir selbst wollen. Niemand interessierte sich für unser Innenleben. Und nun, mit der Übung *FÜNF MINUTEN NICHTSTUN*, sollen wir plötzlich genau darauf achten, was wir wollen. Das ist eine Rebellion gegen alle Verhaltensregeln, die man uns eingeredet hat. Deswegen kann es anfänglich auch geschehen, dass du während der *FÜNF MINUTEN NICHTSTUN* plötzlich traurig wirst. Das ist die Traurigkeit, die aus deiner Kindheit kommt, weil sich niemand für dich interessierte.

Noch ein Weiteres wird mit dieser Übung spürbar werden - wie heilig die kleinen alltäglichen Handlungen sind. Lebenstiefe und Glück entstehen mit der Freude an kleinen Dingen: Vor dem Haus auf einer Bank sitzen, mit einem anderen Menschen belanglose Dinge reden, einen Sonnenaufgang sehen, Wäsche aufhängen, das erste grüne Blatt im Frühjahr finden. Wenn du glaubst, große Dinge erreichen zu müssen, um glücklich sein zu können, dann ist dein Leben eine Mühsal.

ICH BIN

Eine weitere sehr direkte Methode, sich des Beobachters bewusst zu werden, besteht in dieser Vorgehensweise:

Übung *ICH BIN*:

Wenn du handelst, dann mache dir den Handelnden bewusst!

Wenn du beispielsweise auf eine Blume schaust, dann gibt es scheinbar zwei Objekte: dich und die Blume. Meistens schauen wir aber auf die Blume und haben uns dabei selbst vergessen. Dann scheint es sogar nur ein Objekt zu geben – die Blume. Nun aber mache dir bewusst, dass es dich gibt, dass es jetzt den gibt, der auf die Blume schaut. Sobald das geschieht, tritt noch ein Dritter auf: der Beobachter von euch beiden, von dir und der Blume. Achte jetzt darauf, dass es diesen Beobachter gibt. Es genügt, wenn du daran denkst, dass außer dir und der Blume auch dieser Beobachter existiert.

Also: Du handelst an einem Objekt. Nun mache dir im ersten Schritt bewusst, dass es den Handelnden gibt – und im zweiten Schritt, dass es etwas geben muss, das euch zwei, dich und das Objekt beobachtet!

Das ist eine sehr wirkungsvolle Technik, die dich mit dem Beobachter in Kontakt bringt. Zugleich macht diese Technik das Dasein intensiv, verbindlich, lebendig.

Wir sind uns zumeist nicht bewusst, dass wir da sind - und genau dadurch erscheint unser Leben so bedeutungslos. Du bist beispielsweise in ein heftiges Gespräch verwickelt, in eine Diskussion mit Freunden. Meinung steht gegen Meinung. Du bist dabei sehr engagiert. Plötzlich bekommst du Durst und greifst nach einem Glas Wasser. Du trinkst, aber das bemerkst du kaum, so sehr lenkt dich dein Engagement ab. Dein Trinken passiert mechanisch. Würde man dich zehn Minuten später danach fragen, ob du etwas getrunken hast, hättest du es womöglich sogar schon vergessen. Du trinkst, doch der Trinkende ist nicht da. Er ist dir nicht bewusst. Nun mache es aber anders: Beobachte, während du trinkst, dass es den Trinkenden gibt. Wenn du zum Glas greifst, sei dir bewusst, dass es den Greifenden gibt. Wenn das Wasser in deinen Mund läuft, dann sei dir bewusst, dass es denjenigen gibt, zu dem der Mund gehört.

Noch deutlicher wird das eben Gesagte, wenn man sich genau anschaut, was beim Lesen geschieht. Du liest einen spannenden Roman. Schon nach wenigen Sätzen hat dich die Handlung so in Beschlag genommen, dass du dich selbst vergessen hast. Du bist so vollständig in die Abenteuer verstrickt, die du liest, dass du selbst verschwunden bist. Du befindest dich mehr *in* dem Buch, in seiner Handlung, als außerhalb, als *vor* dem Buch. Die Technik ICH BIN bedeutet nun: Mache dir den Lesenden bewusst. Verliere ihn nicht. Es gibt dich und das Buch, und es gibt den, der euch beide beobachtet. Verliere nie den Lesenden!

Bevor sie mit dem Beobachter Erfahrungen gemacht haben, glauben viele, dass sie, würden sie sich beobachten, Kontrolle über sich ausüben würden. Würden sie sich beim Lesen ständig ihrer selbst bewusst sein, so glauben sie, dann könnten sie sich nicht mehr der Handlung des Buches hingeben. Aber das ist eine Täuschung. Beobachten ist genau das Gegenteil von Kontrolle. Durch Beobachten gibst du Kontrolle auf. Du erkennst dann all deine Mechanismen, mit denen du bisher Kontrolle ausgeübt hast. Für den Verstand klingt das paradox, aber du wirst das sehr schnell erkennen, wenn du wirklich Erfahrungen damit machst. Ein Weiteres wirst du erfahren: Der Genuss beim Lesen besteht nur zum Teil in der Handlung des Buches. Der viel größere Genuss liegt in dir – in der Tatsache, dass es den Lesenden gibt. Nutze dein Lesen, um das zu erfahren! Zuerst, als du noch unbewusst gelesen und dich in der Handlung des Buches verloren hast, gab es für dich lediglich die Spannung im Buch. Dann, wenn du dir des Lesenden bewusst bist, kommt der Genuss des Lesenden hinzu. Deine Erfahrung wird dadurch nicht geringer oder enger, sondern viel umfassender. Du wirst dann sogar erkennen, dass die eigentliche Würze des Lesens darin besteht, dich als Lesenden erfahren zu können. Der tiefste Genuss deines Lebens besteht darin, dass du auf der Welt bist. Bewusstsein heißt, sich dieser Tatsache bewusst zu sein.

Wenn du gehst, dann mache dir den Gehenden bewusst. Wenn du sprichst, dann mache dir den Sprechenden bewusst. Wenn du isst, dann mache dir den Essenden bewusst. Wenn du Sehnsucht hast, dann mache dir den Sehnsüchtigen bewusst. Wenn du denkst, mache dir den Denkenden bewusst. Im zweiten Schritt sei dir darüber im Klaren, dass es einen Beobachter all dessen gibt.

So wird der Beobachter manifest werden. Er wird erscheinen, du wirst zu ihm Kontakt finden. Außer dir und deiner Psyche, die den ganzen irdischen Erfahrungen ausgesetzt sind, existiert noch der Beobachter, existiert noch etwas Drittes, das Eigentliche, das in Wahrheit das Erste ist, das von all diesen Erfahrungen unberührt bleibt. Es beobachtet all diese Erfahrungen mit Genuss.

Maharaj sagte zu seinen Schülern und seinen Besuchern: "*Sagt euch immer wieder innerlich ICH BIN. Was auch geschieht, wie ruhig oder intensiv auch immer das Leben ist, sagt euch: ICH BIN. Haltet zu diesem Gedanken Kontakt. Dann werdet ihr früher oder später erwachen.*" Damit meinte er genau das: Sei dir bewusst, dass es den unveränderlichen Zeugen all deiner Erfahrungen gibt: ICH BIN. Maharaj sagte:

"Erkenne dich als den unveränderlichen Beobachter deines sich stets wandelnden Verstandes. Das genügt."

Das genügt.

Der Beobachter greift nicht ein

Der Beobachter ist lediglich Beobachter. Er greift nicht in das Geschehen ein. Das ist sehr wichtig.

Du wirst, wenn du den Beobachter entdeckst, rasch erfahren, dass Angst aus deinem Leben verschwindet. Viele Menschen lassen sich aufgrund dessen dazu verleiten, sich immer genau dann an den Beobachter zu erinnern, wenn sie leiden oder Angst haben. Um ihre Angst loszuwerden, suchen sie Kontakt zum Beobachter. Sie suchen Erleichterung. Das ist natürlich legitim. Auf diese Weise hilft dir deine Angst, den Beobachter zu finden. Sie hilft dir zu erkennen, dass sie lediglich eine Illusion ist.

Aber darin liegt auch eine Gefahr, denn das Wesen des Beobachters ist vollkommene Zwecklosigkeit. Du wirst nicht wirklich zu ihm Kontakt finden und nicht wirklich in ihm aufgehen können, solange du ihn lediglich für etwas *benutzt*. Es ist sehr wichtig, dass du immer wieder die Beobachterposition einnimmst, ohne etwas verändern zu wollen. Deswegen sei nicht nur im Leid Beobachter, sondern auch in der Freude: Wenn du dich lebendig fühlst, wenn du geradezu überfließt vor Glück, wenn du Nähe zu einem geliebten Menschen erlebst - gerade in diesen Situationen vergessen wir den Beobachter, weil wir ja glauben, das Glück schon voll auszukosten. Doch der Beobachter wird deinem Glück eine Tiefe geben, die du dir, getrennt von ihm, gar nicht vorstellen kannst. In den Momenten des Glücks kann der Beobachter besonders präsent sein. Hier bieten sich dir großartige Gelegenheiten, ihn kennen zu lernen.

Sei immer wieder der Beobachter dessen, was geschieht, ohne auf das Geschehen Einfluss zu nehmen.

Ein Beispiel: Du gehst im Wald spazieren. Auf einmal bemerkst du, dass deine Gedanken sich immerzu um einen Streit drehen. Innerlich führst du mit einer anderen Person Selbstgespräche. So ist deine ganze Aufmerksamkeit auf dieses stumme Zwiegespräch gerichtet. Den Wald, das Singen der Vögel, die klare, würzige Waldluft - das alles nimmst du gar nicht wahr. Dies ist Unbewusstheit. Nun gehe in die Beobachterposition - beobachte deinen Körper und deine Gedanken. Du bekommst damit auch wieder Kontakt zum Wald. Deine Trennung von der Natur ist aufgehoben. Das Leben wird intensiv. Aber tue nun zugleich Folgendes: Indem du das Kreisen deiner Gedanken beobachtest, versuche *nicht*, dieses Kreisen zu beenden, sondern lasse es weiterhin zu - und beobachte es. Auf diese Weise kannst du dich von dem Impuls lösen, als Beobachter etwas beeinflussen zu müssen. Der Beobachter tritt erst dann klar und machtvoll auf, wenn du zulässt, was er ist: Ein Zeuge, der nicht wertet.

Ein anderes Beispiel: Du erlebst intensiv ein "negatives" Gefühl, etwa einen Trennungsschmerz. Du fühlst dich einsam und verloren. Lasse dich nun im ersten Schritt ganz auf deinen Körper ein. Beobachte, wie sich dein Schmerz wirklich in dir anfühlt - sei in der *KÖRPERBEOBACHTUNG*. Im zweiten Schritt machst du dir bewusst, dass es den Beobachter gibt, dass es den gibt, der deinen Körper und deine Gefühle sieht. Jetzt wirst du erfahren: Deine Einsamkeit und Verlorenheit sind einfach nur noch da. Du erlebst sie ohne Schmerz. Der Schmerz verschwindet und zurück bleibt Intensität - und Dankbarkeit. Der Beobachter verändert deine Gefühle nicht.

Auf diese Weise kannst du intensive Gefühle besonders gut nutzen, um Kontakt zu deinem Beobachter zu finden. Die Gefühle und der Beobachter bilden in diesem Schritt Gegenpole: Der Beobachter auf der einen und das Gefühl auf der anderen Seite. Du nimmst das Gefühl bewusst wahr. Seine Intensität gibt dir die Möglichkeit, die Klarheit des Beobachters besonders deutlich zu erfahren. Denn du stehst vor einer Entscheidung: *"Bin ich in das Gefühl verwickelt und erlebe ich das Leben als Freude und Schmerz, oder verschmelze ich mit dem Beobachter und erfahre das Leben als Freude ohne Schmerz - als Seligkeit."*

Der Beobachter greift nicht ein. Sein Erscheinen jedoch verändert alles.

Vorstoßen bis auf den Grund: Das Beobachten deiner Motive

Ebenso wie du ein Gefühl so vollständig verdrängen kannst, dass es deinem Bewusstsein unkenntlich wird, kannst du auch ein Motiv verdrängen, das dann aus dem Unterbewusstsein, für dich unbemerkt, deine Gedanken antreibt. Klara, eine 47-jährige Klientin, die Meditation schon weit in sich hatte eindringen lassen, die sogar inmitten heftiger Konfliktsituationen bei sich bleiben und ihre Gedanken beobachten konnte, erlebte eines Tages Folgendes: Nach dem Tod ihres Vaters kam es zu einem Erbstreit mit ihrer einzigen Schwester, die sechs Jahre älter war. Klaras Schwester erhielt einige wertvolle Familienerbstücke, die der Vater ausdrücklich ihr zugedacht hatte. Darüber ärgerte sich Klara. Sie erzählte mir: "*Seitdem ich davon erfahren habe, kreisen meine Gedanken immer wieder hartnäckig um meine Schwester. Diese Gedanken kann ich genau beobachten. Das erlaubt es mir, mit meiner Schwester ohne Groll umzugehen. Trotzdem bin ich innerlich andauernd mit diesem Thema beschäftigt. Das nervt mich. Ich komme davon nicht los. Frank, warum geschieht das?*"

Bei genauerem Hinsehen kam zutage, dass bereits in Klaras Kindheit die große Schwester immer des Vaters Liebling war. Zugleich musste die Schwester auf die kleinere Klara häufig aufpassen. Somit wurde Klara gezwungen, sich häufig dem Willen ihrer Schwester unterzuordnen. Gemeinsam mit der von ihr so wahrgenommenen Benachteiligung durch den Vater erzeugte dies in Klara ein beständiges Minderwertigkeitsgefühl, das das Mädchen damals verleugnen musste, um sich der Familie zugehörig fühlen zu können. Diese Minderwertigkeit, an die sich Klara als erwachsene Frau nicht mehr erinnern konnte, wurde nun durch den Tod des Vaters und die Erbschaft reaktiviert. Der unbewusste Versuch, dieses Gefühl nicht erneut zu spüren, war die Ursache für Klaras beständiges Denken an die Schwester. Ohne das Motiv durchschauen zu können, kreisten ihre Gedanken um ihre Schwester. Mit der Sicht ihres Motivs bekam Klara die Möglichkeit in die Hand, sich von diesen Gedanken endgültig zu lösen. Sie sagte: *"Immer, wenn ich bemerke, dass meine Gedanken wieder um diese Erbschaft kreisen, dann schaue ich sozusagen an den Gedanken vorbei direkt auf meine uralte Minderwertigkeit. Ich vergegenwärtige sie mir und spüre sie. Und dann söhne ich mich mit ihr aus, indem ich vor mein inneres Auge die kleine Klara hole, die ich damals war, und sie mit ihrem Minderwertigkeitsgefühl lieb habe. Dann hören die Grübeleien auf. Sie verlassen mich. Die Gedanken an meine Schwester und die Erbschaft haben dann keine Energie mehr."* Klara schaute an den Gedanken vorbei auf das Motiv, das diese Gedanken antrieb. Ihr Motiv war die unbewusste Bemühung, Minderwertigkeit nicht spüren zu wollen. Sie nahm dem Motiv seine Kraft, indem sie die kleine Klara mit ihrer Erfahrung nachträglich akzeptierte und sich mit ihrem Mangelgefühl aussöhnte.

An diesem Beispiel lässt sich etwas sehr Wichtiges erkennen. Erst deine Motive machen bestimmte Gedanken für dich wichtig. Erst deine Motive geben Gedanken die Energie, mit der diese dann dein Leben zu dominieren beginnen. Deine Gedanken sind wie Sylvesterraketen, die bunt am Himmel leuchten. Die Treibsätze der Raketen sind deine Motive.

Wir sind so vollständig durchdrungen von Motiven - dabei kennen wir sie überhaupt nicht. All unsere Handlungen, selbst die kleinsten und unscheinbarsten, auf die wir niemals achten, werden von exakt umrissenen Motiven gesteuert. In welchem Ausmaß unser Handeln durch unbewusste Beweggründe gesteuert wird, verdeutlicht die Kriminologie. Die Kriminalpolizei beschäftigt Experten, die von einem Tatort exakte und detaillierte Erkenntnisse über die Psyche eines Täters gewinnen. Beispielsweise aus der Art, wie ein Briefbombenattentäter die Zünder der Sprengsätze anbringt, können sie Rückschlüsse auf sein soziales Umfeld ziehen. Sein Verhalten, seine Kleidung und sogar die Wohnungseinrichtung des Gesuchten sind ihnen dadurch erkennbar. Wie ist das möglich? Die Handlungsmotive des Täters offenbaren den Ermittlern seine Verhaltensweisen, die nicht nur die Beschaffenheit der Briefbombe, sondern auch sein übriges Leben bestimmen. Vereinfacht gesprochen: So wie der Täter die Zünder anordnet, so ordnet er auch seine Wohnung, und so ordnet er auch seine Beziehungen. Alle diese Handlungen werden gesteuert von denselben Motiven. So haben die Kriminalexperten eine Grundregel formuliert: "*Verhalten ist bedürfnisorientiert*".

Ein Motiv ist ein Ziel, das du erreichen möchtest. Es äußert sich in dir als emotionaler Impuls. Die Einlösung, die Befriedigung des Motivs ist immer ein Gefühl. Hast du beispielsweise Sehnsucht nach deinem Partner, der gerade verreist ist, dann besteht dein Motiv darin, ihn wiederzusehen. Dieses Motiv bestimmt viele deiner Handlungen, auch solche, die auf den ersten Blick gar nichts mit dem Partner zu tun haben. So gibt dir die Sehnsucht vielleicht die Kraft, ein berufliches Projekt zu verwirklichen oder einen Konflikt zu bestehen.

Innerlich äußert sich dein Motiv als Ungeduld oder Unruhe. Die Einlösung des Motivs sind genau die Gefühle, die du beim Wiedersehen mit deinem Partner erleben würdest: Nähe, Geborgenheit oder Vertrautheit. In Wahrheit zielt dein Motiv daher nicht primär auf das

Wiedersehen, sondern auf das Erleben eben dieser Gefühle. Die ersehnte Wiederbegegnung mit deinem Partner ist lediglich ein Umweg zu diesem Ziel.

Bis in die letzte Zelle unseres Körpers sind wir durchdrungen von Motiven. Sogar noch der Atem, den das Unterbewusstsein ganz von allein richtig steuern würde, wird von unseren Motiven beeinflusst. Nicht einmal den Atem lassen wir natürlich sein. Wir pfuschen in unsere Natur hinein, denn unser Wille ist uns ja heilig. Deswegen atmen die meisten Menschen so falsch. Sie atmen in den Brustkorb, anstatt mit dem Zwerchfell. Sie haben einen gequälten, verkrampften Atemrhythmus. Wenn aber dein Atem gestört ist, dann fehlt dir beständig Energie. Du fühlst dich müde, lustlos, ohne Spannkraft.

Motive, die du nicht durchschaust, sind die Quelle allen Leids, das du erfährst. Zum einen zwingen sie dir beständig Handlungen auf, die du nicht verstehst. Sie erzeugen damit als Antwort beständig Reaktionen von außen, die du ebenso nicht durchschaust. Zum Zweiten: Wenn du Druck erlebst, dann muss in dir ein Motiv vorhanden sein. Druck ohne Motiv gibt es nicht. Wir glauben zwar, Druck würde von der Außenwelt ausgelöst werden. In Wahrheit aber kommt er immer von innen. Verlangt beispielsweise deine Bank ein Darlehen zurück, und du hast kein Geld, dann siehst du dich in Erklärungsnot. Das erlebst du als Druck. Nun glauben wir, dieser Druck sei durch die Bank ausgelöst worden oder durch den Geldmangel. Das ist aber eine Täuschung. Der Druck wird ausgelöst durch die Motive, die in dieser Situation in dir aktiviert werden. Vielleicht fällt es dir schwer, jemandem etwas schuldig zu bleiben. Vielleicht bist du harmoniesüchtig, oder du willst nicht als Versager gelten, der seine Finanzen nicht im Griff hat - das treibt dich an, das erzeugt den Druck. Wenn du die Gefühle wahrnimmst, die für dich mit diesen Motiven verbunden sind, dann hört der Druck von alleine auf. Welche Gefühle sind das? Wenn du deine Motive durchschaust, indem du ihre emotionale

Bedeutung erkennst, dann wirst du dieselben Situationen nicht mehr als Leid erfahren. Leid und unbewusste Motive – das sind Synonyme.

Aber nicht nur, dass unsere Motive die Gedanken antreiben. Sie können sich auch regelrecht hinter den Gedanken verbergen. Sie benutzen Gedanken quasi als Tarnung, um unkenntlich zu bleiben. So war es auch bei Klara. Ihre Gedanken kreisten um die Schwester. Klara dachte immer, es ginge dabei um die Erbschaft. In Wahrheit jedoch ging es um ihr Minderwertigkeitsgefühl. Die Gedanken sind wie ein großer Schild, hinter dem sich unsichtbar ein Krieger – das Motiv – verbirgt. Scheinbar bewegt sich nur der Schild auf dich zu, aber dahinter muss es einen Krieger geben, der den Schild trägt. Für dich gilt es nun, dem Krieger zu begegnen, statt immer nur auf den Schild zu zielen.

Ein Beispiel: Dein Partner ist mit anderen Menschen zusammen. Dich macht das unruhig, wäre es doch möglich, dass er sich in jemanden verliebt. Vielleicht könnte er sogar mit einem anderen ins Bett gehen. Deine Eifersucht meldet sich und führt dazu, dass deine Gedanken immerzu um deinen Partner kreisen. Eifersucht macht besonders deutlich, wie sehr deine Gedanken dich im Griff haben. Du kommst einfach von deinem Partner nicht los. Bei allem was du tust ist er präsent. Dein Misstrauen ist präsent. Jetzt frage dich: "*Angenommen, mein Partner würde sich verlieben und sich auf einen anderen Menschen einlassen. Was würde ich dann erleben?*" Das Gefühl, das du dann fändest, willst du genau mit deiner Eifersucht verhindern. Indem deine Gedanken stets um den Partner kreisen, kannst du dir selbst ausweichen. Deine Eifersucht ist der Schild, hinter dem sich der wahre Krieger verbirgt: deine Einsamkeit oder deine Ohnmacht oder deine Minderwertigkeit, die bei dem Gedanken daran, dein Partner könne sich von dir abwenden, entstehen. Suche nach diesem Gefühl. Dann wirst du entdecken, was dich innerlich antreibt. Dann beobachte deine Einsamkeit oder deine Ohnmacht oder deine Minderwertigkeit. Versuche nicht, sie zu beseitigen. Schaue an dem Schild vorbei und nimm die Gefühle an. Söhne dich aus mit dem, was du fürchtest: Du bist jemand, der einsam, ohnmächtig oder minderwertig sein *darf*, der auch damit liebenswert ist. Wenn du dich ausgesöhnt hast mit allem, was du dein Leben lang, und schon viele Leben lang, bekämpft hast, trittst du aus einer engen, dunklen Kammer hinaus in die Freiheit. Auf diese Weise hörst du auf, der eifersüchtige Mensch zu sein. Diese Identifikation wird beendet. Nun erscheint nach und nach derjenige, der Einsamkeit, Ohnmacht oder Minderwertigkeit *beobachtet*. Damit hört deine Angst auf.

Ein anderes Beispiel: Du bist verliebt und hast Schmetterlinge im Bauch. Du willst deinen Partner sehen, du willst seine Nähe spüren. Er ist immerzu in deinem Kopf anwesend - jetzt kreisen deine Gedanken also im "positiven" Sinne um ihn. Dennoch haben sie dich ebenso im Griff, wie bei der Eifersucht. Du bist ein Sklave deiner Gedanken - egal, ob angenehm oder unangenehm. Frage dich erneut: "*Was würde ich erleben, wenn der ersehnte Partner jetzt bei mir wäre? Welches Gefühl strebe ich an?*" Dann findest du beispielsweise Nähe, Lebendigkeit oder Geborgenheit. Nun beobachte einfach diese Gefühle, beobachte deine Nähe zu deinem Partner oder deine Lebendigkeit oder deine Geborgenheit. Damit endet der Druck, deinem Partner sofort begegnen zu müssen. Jede Ungeduld wird vergehen, und es wird Tiefe in dein Leben kommen. Es wird derjenige erscheinen, der Nähe, Lebendigkeit oder Verbundenheit *beobachtet*. Die Verliebtheit verschwindet. Es erscheint die Liebe.

Beobachte deine Motive. Sei einfach Beobachter. Das ist wie Fahren auf zwei Schienen. Die eine Schiene sind deine Handlungen, deine Konzentration auf die Außenwelt. Die andere Schiene ist das Beobachten deiner Motive im Inneren. Es läuft parallel. Du bist außen und zugleich innen. Handle nicht, bevor du nicht dein Motiv beobachtet hast. Fahre immer auf zwei Schienen.

Du schaltest beispielsweise dein Handy ein. Du merkst, wie du darauf wartest, dass jemand angerufen und auf deiner Mailbox eine Nachricht hinterlassen hat. Du hoffst, dass sich gleich die Mailbox bei dir meldet und dir den Eingang einer Nachricht anzeigt. Du machst dir also bereits bewusst: "*Jetzt möchte ich, dass mich jemand angerufen hat.*" Die meisten Menschen sind sich nicht einmal dessen bewusst. Die meisten bemerken nicht, dass sie faktisch das ganze Leben lang darauf warten, endlich von jemandem "angerufen" zu werden, der wirklich sie meint. Hast du erkannt, dass du gerne einen Anruf gehabt hättest, dann erscheint es so, als hättest du bereits dein Motiv gefunden. Aber das genügt noch nicht. Gehe jetzt den zweiten Schritt. Wichtig ist, dass dir der *emotionale* Impuls, der mit deinem Warten auf den Anruf verbunden ist, bewusst wird. Auf diesen Schritt kommt es an. Es gilt zu finden, was du suchst. - Auf welches Gefühl wartest du? Vielleicht willst du dich geborgen fühlen, vielleicht willst du dich verstanden fühlen, vielleicht willst du dich wichtig fühlen.

Wenn du eine Sehnsucht hast, wenn ein Motiv da ist, dann weißt du eigentlich bereits, welches Gefühl du suchst. *Das ist der entscheidende Zusammenhang, den es zu durchschauen gilt: Du könntest die Sehnsucht gar nicht haben, wenn du das Gefühl nicht bereits kennen würdest, das du anstrebst.* In dieser kleinen Erkenntnis liegt die gesamte Alchemie der Bewusstheit. Sobald du das erkannt hast, musst du nicht mehr den Umweg über die materielle Welt gehen. Dieses Spüren des ersehnten Gefühls *ist* das Beobachten, *ist* das Einlösen des Motivs. Du fragst dich also: "*Was würde ich erleben, was wäre das Schönste daran, wenn der Anruf käme? Welches Gefühl strebe ich an?*" Dann findest du es. Spüre dieses Gefühl jetzt sofort! Gib es dir selbst, denn du kennst es ja bereits. Damit bist du erlöst.

Bereits mit der zweiten Übung in diesem Buch, der Übung GEDANKENBEOBACHTUNG, hast du eine bemerkenswerte Erfahrung machen können: Wie schnell du das Beobachten der Gedanken verlässt und unversehens die Gedanken *denkst,* in sie verwickelt bist. Der

Beobachter ist anfänglich äußerst flüchtig. Eben hast du noch beobachtet, dass du denkst, und einen Augenblick später bist du der Denkende. Der Abstand ist verloren gegangen. Dieser Schritt geschieht, indem sich zu den Gedanken, die du beobachtest, ein Motiv gesellt. Erst bist du Beobachter der Gedanken, dann kommt ein Motiv hinzu, und plötzlich bist du verwickelt in deine Gedanken. Indem du dir entweder das Motiv sofort bewusst machst oder konsequent Abstand hältst zu deinen Gedanken, bleibst du frei.

Deine Motive ketten dich an deine Gedanken. Deswegen wirst du, wenn du zu meditieren beginnst, nach und nach automatisch deine Motive durchschauen. Immer mehr Motive werden von dir fallen, indem sie dir bewusst werden. Das ist wie bei einer Zwiebel, die entblättert wird. Tiefer und tiefer dringst du vor und immer mehr Last fällt von dir - und es erblüht in dir das grundlose SEIN. Sich immer tiefer in die Motivlosigkeit fallen zu lassen, ist ein großer Genuss. Das ist vielleicht sogar der größte Genuss, den das Meditieren dir zu bieten vermag.

Um Erfahrungen mit dem Beobachten deiner Motive zu machen, kannst du deine elementaren körperlichen Bedürfnisse nutzen: Hunger, Durst, Sexualität. Du bekommst Hunger. Nun stille den Hunger nicht gleich, sondern lasse ihm Zeit, sich zu entfalten. Beobachte dabei, was alles mit dir geschieht, wie viele Gedanken und Handlungsimpulse der Hunger auslöst. Das ist bei weitem nicht nur der Impuls zu essen. Möglicherweise bemerkst du plötzlich, dass der Hunger Minderwertigkeit auslöst, und dass du glaubst, irgendetwas tun zu müssen, irgendeinen Erfolg erringen zu müssen. Es kann sein, dass der Hunger das Gefühl auslöst, einsam zu sein. Und du reagierst darauf mit dem Impuls, jemanden anzurufen und dich unbedingt verabreden zu müssen. Ja, Hunger kann Einsamkeit auslösen. Beobachte das. Umgekehrt gilt das ebenfalls: Einsamkeit kann Hunger auslösen. Eigentlich bist du einsam, aber bewusst spürst du nur den Impuls, etwas zu essen. Viele Menschen werden so nur aus dem einen Grund dick, weil sie sich mit ihrer Einsamkeit nicht aussöhnen wollen.

Besonders tief wird es, wenn du den Handlungsimpulsen aus deiner sexuellen Lust nicht nachgibst, sondern sie lediglich beobachtest. Lasse dich von keinem Motiv hinreißen, das deine Lust in dir auslöst, sondern sei lediglich ihr Zeuge. Das ist eine enorme Herausforderung, denn die Lust ist ein großes Motiv. Wenn du in der Begegnung mit deinem Partner deiner Lust nicht folgst, sie nicht bedienst, sie nicht befriedigst, dann wirst du auf allen Ebenen deiner Existenz deinem Partner begegnen. Ihr werdet erfahren, was Verbundenheit, was Liebe, was Ekstase ist. Du erlebst Nähe zu deinem Partner. Dann kommt die Lust, sie reißt dich hin - und die Nähe ist verloren. Du erlebst Freude mit deinem Partner, dann kommt die Lust - und die Freude ist verloren. Und umgekehrt: Wenn du der Lust nicht folgst, sondern sie beobachtest, werden Nähe und Freude unendlich groß. Dann erlebst du Lust als eine Form der Lebensenergie, von der du nicht mehr unter Druck gesetzt wirst.

Die meisten Menschen gehen mit Lust so um: Sie steigern sie nach Kräften, um sie dann im Orgasmus loszuwerden, um diese hohe Energie nicht mehr ertragen zu müssen, um sich befriedigt zu fühlen. Wenn du dagegen den Impulsen aus der Lust nicht blindlings folgst, sondern bewusst bleibst, dann wird deine Lust nicht mehr nur die Quelle einer kurzzeitigen Entladung sein. Sie wird zur Quelle einer andauernden Lebensfreude, von Vitalität, Nähe, Ekstase.

Das Beobachten der Gedanken ist wie das Eintauchen in das Meer. Das Beobachten der Motive hinter den Gedanken ist wie das Vorstoßen auf den Grund des Meeres. Erleuchtung ist das Verschmelzen mit dem Grund. Das Verschmelzen mit dem Urgrund.

Das Gleichnis vom Taucher

Du erlebst in einem Traum ein Gleichnis über dein Leben: Du schwimmst an einem ruhigen, sonnigen Tag nicht weit vom Ufer entfernt im Meer. Manchmal kommt eine kleinere Welle auf dich zu, manchmal eine größere, bei der du dich etwas mehr anstrengen musst, um über Wasser zu bleiben. Wenige Meter unter dir breitet sich gleichmäßig der Meeresboden aus. In diesem Traum von deinem Leben tauchst du gern. Aber wenn du hier tauchst, wo du gerade schwimmst, findest du überall lediglich ebenen, sandigen Grund. Das ist ein bisschen langweilig.

Nur an einigen Stellen wird das Meer tief. Dort würde es sich wirklich lohnen zu tauchen. Dort würdest du auf interessante Fische treffen, dort könntest du Schätze finden, dort würdest du unbekannte Abenteuer erleben. Dort würde dein Leben tief werden. Aber du schwimmst an der Wasseroberfläche. Das ist kein guter Aussichtspunkt. Von hier aus kannst du dir keinen Überblick verschaffen. So ist das Leben. Wir sehen immer nur die unmittelbarste Umgebung. Die tiefen Stellen, wo es für dich interessant wäre zu tauchen, sind von hier aus, wo du gerade schwimmst, nicht erkennbar.

Wie kannst du diese tiefen Stellen finden? Wie kannst du zu ihnen gelangen? Nun, dafür hat Gott gesorgt. Er hat dir eine Orientierungshilfe mit ins Leben gegeben: Genau an den tiefsten Stellen deines Daseins sind Bojen verankert, die an der Wasseroberfläche weithin sichtbar sind. Jedoch: alle können deine Bojen sehen - nur du nicht. *Dir* zeigen sie sich nur, wenn du sie überhaupt sehen *willst*. Denn es sind Zauberbojen, die unsichtbar bleiben, solange du nicht bereit bist, dir selbst zu begegnen. Diese Bojen sind deine Ängste. Deine Ängste zeigen dir, wo es sich für dich lohnt, in die Tiefe zu tauchen, wo es sich für dich wirklich lohnt, auf das Leben zuzugehen.

Aber wie verhalten sich die meisten Menschen? - Sie wollen ihre Bojen nicht sehen. Sie wollen gar nichts davon wissen. Die meisten Menschen tun so, als gäbe es diese Bojen nicht. Und wenn sie sie zufällig doch entdecken, dann schwimmen sie im großen Bogen an ihnen vorbei, um ihnen ja nicht zu nahe zu kommen. Doch gerade weil diese Menschen ihren Ängsten immerzu ausweichen, wird ihr ganzes Leben von Angst dominiert. Denn sie dringen nie zu sich selbst, der einzigen Quelle von Lebendigkeit und Freude, vor.

Der Suchende jedoch, der entschlossen ist, sich auf sein Dasein einzulassen, schwimmt geradewegs auf diese Bojen zu und taucht genau hier in die Tiefe. Nur hier kann er den Schatz finden, der für ihn bestimmt ist. Nur hier. Meditation nun ist eine Hilfe, die es dir ermöglicht, wirklich so tief zu tauchen, dass du tatsächlich zu deiner Wahrheit, zu dir selbst vorstößt. Meditation ist die Taucherausrüstung, die dir ein gründliches Hinabgehen erst ermöglicht. Es gilt nur zu erlernen, dieses Hilfsmittel zu benutzen.

Wenn du mit dem Tauchen begonnen hast, wenn deine Suche begonnen hat, dann wirst du etwas Überraschendes feststellen. Dann wirst du bald entdecken, dass außer dem Taucher auch noch ein

Beobachter des Tauchers existiert, der dir bisher noch gar nicht aufgefallen war. Es gibt einen Beobachter, der diesen Traum träumt. Einen Beobachter, der weder von Meereswellen, noch vom Ertrinken, noch von irgendeiner anderen Gefahr je bedroht werden kann. Einen Beobachter, der dir viel näher ist, als es der Taucher je war. Dein Tauchen gibt dir genau diesen Beobachter zurück, und damit kommst du wieder zu Hause an. Zugleich ist der Beobachter glücklich darüber, dass es den Taucher gibt, der entschlossen ist, sich wirklich auf das Leben einzulassen.

Literaturhinweise

Hui-Neng: *Das Sutra des sechsten Patriarchen*, Bern 1986

Lassner, Frank: *Im Auge des Orkans*, Teil I, Berlin 2003

Maharaj, Sri Nisargadatta: *Ich bin*, Teile I und II, Bielefeld 1989 und 2001

Meister Eckhart: *Ewigkeit inmitten der Zeit*, Zürich und Düsseldorf 1998

Osho: *Meditationsführer*, München 2002

Osho: *Was kann ich tun?*, München 2002

Suzuki, Daisetz T.: *Zazen*, Bern, München, Wien 1993

Über den Autor

Frank Lassner, Jahrgang 1961, Diplomphysiker, begleitet seit über 10 Jahren Menschen auf dem Weg ihrer Bewusstwerdung. Im Zentrum seiner Tätigkeit steht die Entfaltung der Persönlichkeit durch Sensibilisierung der Selbstwahrnehmung und durch Meditation. Hierfür entwickelte er revolutionär schlichte Techniken, die bisher mehreren tausend Klienten zu einem intensiveren Leben verhalfen.

Kontaktadresse

Informationen zu den Inhalten dieses Buches
sowie zu meinen weiteren Seminaren, Ausbildungen,
Vorträgen und Einzelsitzungen erhalten Sie unter:

Internet: www.frank-lassner.de
E-Mail: info@frank-lassner.de

136 Seiten, broschiert
€ [D] 10,90 / sFr 19,70
ISBN 3-923781-75-X

Steve Richards

Die Kunst des Levitierens

Handbuch zur Überwindung der Schwerkraft

Das von den Yogis lang gehütete Geheimnis der Levitation wird hier preisgegeben. Jetzt hat jeder die Möglichkeit, ohne asketische Lebensweise durch eine bestimmte Meditationsmethode die Schwerkraft aufzulösen und dabei in einen grenzenlosen Bewusstseinszustand zu gelangen.

160 Seiten illustriert
broschiert
€ [D] 5,90 / sFr 11,00
ISBN 3-923781-06-7

Walter Vogt

Du bist Dein Weg

Dieses Büchlein vereinigt Verse und Sprüche von tiefer Wahrheit, die den Menschen auf der Suche nach ihrem wahren Selbst behilflich sein werden. Die Worte des Autors Walter Vogt berühren tiefste Schichten des menschlichen Bewusstseins – sie sind „der Schlegel, der eine Glücke zum Tönen bringt".
Die einfühlsamen Illustrationen von Didier Geudron sind ein ergänzendes Angebot an den Leser, sich in meditativer Betrachtung der Stille zu öffnen und Zugang zur eigenen inneren Wirklichkeit zu finden.

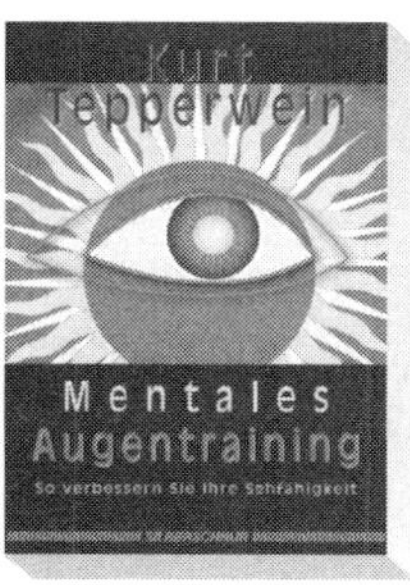

128 Seiten, broschiert
€ [D] 10,90 / sFr 19,70
ISBN 3-89845-004-X

Kurt Tepperwein

Mentales Augentraining

So verbessern Sie Ihre Sehfähigkeit

Unsere Augen sind bekanntlich der Spiegel unserer Seele – strahlend vor Glück und trübe bei Trauer. Doch nicht nur unser Gemütszustand ist am Zustand unserer Augen ablesbar. Ihre Sehkraft gibt uns Aufschluss darüber, wie nah wir die Welt um uns an uns heranlassen, wieviel wir von ihr sehen oder nicht sehen wollen. Der Autor erläutert die Anatomie des Auges, zeigt die Verbindung zwischen Augenkrankheiten und psychischer Disposition auf und bietet zahlreiche Übungen zur Erhaltung und Verbesserung der Sehfähigkeit.

Theo Fischer

Das Tao der Selbstfindung

Dieses Buch vom Autor des Bestsellers „Wu wei - die Lebenskunst des Tao" ist eine Lektion in Sachen Hinwendung zur Wirklichkeit. Wer den Mut aufbringt, sich dem objektiven Zustand seines Lebens ehrlich und rückhaltlos zu stellen, wird erleben, dass er damit den Kraftschluss herstellt, der jene Energien freisetzt, mit denen er seine Probleme lösen kann.

224 Seiten, broschiert
€ [D] 12,90 / sFr 23,50
ISBN 3-931652-85-8

Theo Fischer

Wu Wei – Lebenskunst des Tao

Die Antwort auf alle Probleme unseres Daseins ist unfassbar einfach

Wer je im Leben eine tief greifende Existenzkrise durchlebt hat, erinnert sich vielleicht, dass die Wende zum Besseren genau in der Phase eintrat, als er sich, vollkommen erschöpft, aufgegeben hatte.
Nicht mehr kämpfen, im Strom der eigenen unendlichen Kraft leben – das meint WU WEI, wörtlich: nicht handeln, nicht eingreifen, sondern uns jener kosmischen Energie anvertrauen, die Laotse einst das TAO genannt hat. Das ist die Weisheit, die dieses Buch lehrt:
Von der Kunst des Nichthandelns über die Phänomene Aufmerksamkeit, Innerer Dialog und Loslassen bis zur Spiritualität im Tao. Mit Übungen für den Alltag.

116 Seiten, broschiert
€ [D] 9,90 / sFr 18,10
ISBN 3-923781-34-2

Elizabeth Clare Prophet & Patricia R. Spandaro

Alchemie des Herzens

Wer mehr liebt, wird mehr geliebt

In einem Fünf-Punkte-Programm wird das Herz des Lesers allmählich in eine höhere Frequenz seiner Liebesfähigkeit geführt. Es wird gezeigt, wie er sein Herz für höhere Schwingungen öffnen kann, wie er es stärkt und heilt und wie er es weiterhin vor niedrigen Schwingungen schützt, bis er schließlich ganz in sein Herz eindringt und sich so mit der göttlichen Liebe vereint. Meditationen und Affirmationen unterstützen den Leser dabei, in den Tempel seines Herzens einzudringen und sich mit seinem höheren Selbst zu verbinden, um sich alle Fragen, die ihn bewegen, beantworten zu lassen. Dieses Buch ist im wahrsten Sinne ein Herzensjuwel, auf dem Weg zu einer höheren Liebe.

256 Seiten, broschiert
€ [D] 8,95 / sFr 16,50
ISBN 3-89845-050-3

128 Seiten broschiert
€ 12,60 / sFr 22,90
ISBN 3-931652-99-8

Jürgen Wolf

Ausbruch in die Freiheit

„Neunzig Prozent deiner Gedanken sind nicht deine eigenen, und neunzig Prozent deiner Probleme sind nicht deine eigenen." – Eine Aussage, die uns betroffen macht, wenn wir sie einmal auf uns wirken lassen. Was bleibt dann noch übrig von uns selbst, unserer wirklich und ursprünglich eigenen Gedankenwelt? Wer sind wir, wenn wir uns Schicht um Schicht freimachen von den Gedanken und Einflüssen anderer Menschen, um unseren wahren inneren Kern, unsere ureigensten Wünsche zu entdecken? Der Autor nimmt uns mit auf diese abenteuerliche Reise zu uns selbst. Mithilfe zahlreicher Übungen können wir uns von den Einflüssen lösen und uns ein bisher unbekanntes inneres Potenzial erschließen.

168 Seiten, broschiert
€ [D] 12,90 / sFr 23,50
ISBN 3-932781-67-9

Beate Bock

Un-Mögliches möglich machen

Ein Übungsbuch

Dieses Buch ist für Menschen geschrieben, die ihr Leben in einfacher Weise positiv verändern wollen. Beate Bock stellt Übungen vor, die im alltäglichen Leben mit erstaunlicher Leichtigkeit anzuwenden sind. Jeder kann die für ihn passenden Übungen wählen, um sein Leben einfach und vergnüglich positiv zu verändern.

192 Seiten, broschiert
mit 8 farb. Abbildungen
€ [D] 8,95 / sFr 16,50
ISBN 3-89845-063-5

Mary Olsen Kelly

Der Pfad der Perle

Entdecke deine inneren Schätze

Perlenaustern, die einen Fremdkörper nicht ausscheiden können, verwandeln ihn in ein schillerndes Kunstwerk der Natur. Dieser kleine Schatz beschreibt einen parallelen Weg im menschlichen Innenleben.
Im Pfad der Perle lädt uns Mary Olsen Kelly dazu ein, unser Leben nach den sechs Kriterien zu betrachten, nach denen Juweliere Perlen beurteilen: Form, Größe, Farbe, Glanz, inneres Licht und Vollendung. In diesem Buch lernen wir nicht nur unsere verschiedenen Facetten zu erkennen und zu akzeptieren, sondern uns auch über all die Schätze zu freuen, die wir durch die Überwindung der Probleme unseres Lebens gewonnen haben.

208 Seiten, broschiert,
€ [D] 14,90 / sFr 26,80
ISBN 3-89845-090-2

Bijan Anjomi

Auf die Plätze, fertig ... reich!

Das 30-Tage-Programm für ein Leben in Fülle

Mit 30 einfachen Lektionen führt Bijan den Leser Schritt für Schritt zu vollkommener Gesundheit, Lebensfreude und unbegrenztem Wohlstand. Im Vertrauen auf unsere Höhere Führung werden sich uns Tag für Tag mehr Wunder in unserem Leben erschließen. Wir lernen, unser Ego und seine Verblendungen abzulegen, ganz im Hier und Jetzt zu leben und das Leben in seiner wahren Schönheit zu genießen. Indem wir unser Herz öffnen, uns mit all unseren Sinnen völlig dem Augenblick hingeben und nach Frieden, Licht und Liebe streben, eröffnet sich uns unser wirklicher innerer Reichtum – und das Füllhorn des Universums wird sich über uns ergießen.

208 Seiten, gebunden
€ [D] 16,90 / sFr 30,10
ISBN 3-89845-037-6

Georg Schmertzing

Kraftfeld Herz

Die neue Herz-Kultur

Wir werden als Menschen erst dann eine nächste Bewusstseinsstufe erreichen, wenn wir das Herz als Zentrum des Lebens, des inneren Wissens und intuitiven Erkennens entdecken. Vom Leitorgan Hirn, das vergeblich versucht hat, Verstand und Emotion zu verbinden, heißt es endlich auf die Wesensmitte umzusteigen: Aus dem „Kraftfeld Herz" verbindend zu denken, zu fühlen und zu handeln ergibt jene neue Lebensqualität, nach der wir uns alle sehnen.
Der Autor bündelt Informationen und Fallbeispiele aus aller Welt zu einem Buch des „neuen Herzens" – für Menschen, die sich für eine neue, befreite Welt entschieden haben.

Doppel-CD, je ca. 60 Min.
€ [D] 24,90 / sFr 45,90
ISBN 3-89845-116-X

Franziska Krattinger

Neues Leben

Der Anfang jeder Manifestation, jeder tatsächlichen Realität wurzelt in einem Gedanken. Doch welche Wirklichkeit entsteht durch welche Gedanken? Welche Bedeutung hat das persönliche Gefühl dabei? Wie programmiert man eine ganzheitliche, optimale Lebensqualität?
Hier finden Sie die Anleitung für eine selbst-bewusste und dadurch dauernde Lebensveränderung! Die Ursache liegt immer bei uns selbst. Erleben Sie selbst, welche Macht Sie durch Ihr eigenes Denken haben!

208 Seiten, broschiert
€ [D] 11,90 / sFr 21,30
ISBN 3-89845-109-7

Ryuho Okawa

Die Essenz des Buddha –

Der Pfad zur Erleuchtung

„Die Essenz des Buddha" bietet eine zeitgemäße Interpretation der traditionellen buddhistischen Lehre, die es jedem Menschen erlaubt, ein erfülltes Leben zu führen.
Meister und Schriftsteller Ryuho Okawa vermittelt dem Leser in einer modernen und verständlichen Sprache die grundlegenden Lehren des buddhistischen Verständnisses des Lebens, wie den Achtfachen Pfad, die sechs Paramitas, das Gesetz der Kausalität, die Natur des Karmas und Reinkarnation. Allein durch eine Veränderung unseres Bewusstseins können wir den einzigen Weg beschreiten, der uns zu Zufriedenheit führt – und somit zu einer besseren Welt.

272 Seiten, broschiert
€ [D] 8,95 / sFr 16,50
ISBN 3-89845-107-0

Elisabeth Clare Prophet / Patricia R. Sparado

CHAKREN – DEINE 7 ENERGIEZENTREN

Dieses Buch vermittelt – basierend auf der Lehre vom feinstofflichen Energiesystem unseres Körpers – kraftvolle Einsichten und Werkzeuge, um wieder heil und ganz zu werden. Quelle dieses Wissens sind verschiedenste spirituelle Traditionen, die uns anleiten, wie wir unsere Seele über die sieben Schritte des persönlichen Wachstums voranbringen können. Dieses Werk beinhaltet darüber hinaus ganzheitliche Techniken zur Wiederherstellung der energetischen Balance unseres Körpers – angefangen bei Homöopathie über Vitamine und Heilbäder bis hin zur Arbeit mit Meditationen, Affirmationen und Visualisierungen.

40 Karten in Faltschachtel
€ [D] 9,90 / sFr 19,00
ISBN 3-89845-104-6

Kurt Tepperwein

SPIELEND ZUM LEBENSKÜNSTLER

Mit diesen Karten kommen Sie Ihrem Ziel, Meister des eigenen Lebens zu werden, jeden Tag ein Stück näher. Ziehen Sie dazu morgens intuitiv eine Karte mit der Botschaft für den Tag und lassen Sie die Affirmation in die Aktivitäten des Tages mit einfließen. Lernen Sie, bewusst negative Konditionierungen loszulassen und eingefahrene Glaubenssätze erfolgreich umzuprogrammieren, um endlich ein Leben in Fülle und tiefer Zufriedenheit zu führen. Je häufiger Sie mit den Karten kommunizieren, desto mehr „Ein-fälle" und kreative Impulse werden Ihr Leben bereichern.